女ひとり、家を建てる

ツレヅレハナコ

河出書房新社

はじめに

「ひとりで家を建てます」

そう人に言って、驚かれなかったことはないかもしれません。そりゃそうですよね。当の自分だって、かなりびっくりしているのですから。

これまでの43年間、マイホームを持つことが夢だったというわけではないし、正直言ってほとんど興味がない側の人間だったように思います。でも、何がどうなったのか建てることになってしまった。しかも、ひとりで！　人生とは、本当によくわからないものです。

私は普段、食に関するエッセイを書いたり、料理レシピをご紹介する書籍を出したりする仕事をしています。人生の最優先順位は「食べること」、そして「お酒を飲むこと」。人を呼んでワイワイとホムパをするのは年中だし、仕事を終えた後のひとり晩酌も欠かしません。そんな時間を過ごす場所となるのは、都内にあるひとり暮らしの自宅。

これまで住んでいたのは築31年の古い賃貸マンションで、今では珍しくなったクローズドのL字型キッチンがついている物件でした。私は、毎日キッチンで料理をして、リビングで食事をし、書斎で仕事をする。終わったら、またリビングに戻ってお酒を楽しみ、お風呂に入って、寝室で眠ります。正直、ひとり暮らしには十分すぎるほど広いマンションだったので、特に不満もなく暮らしていました。

ただ、この賃貸物件で老後まで暮らすのかという問いが自分に訪れた際、私が選んだのは「ひとりで家を建てる」ことでした。しかも、ハウスメーカーで定型プランをお任せする家ではなく、建築家に自分の好みをフルオーダーする注文住宅。

「賃貸物件」に住むことと、「自己不動産」を持って住むこと。それぞれにメリットとデメリットがあり、どちらが良いのかはその人の考え方によります。

ただ、私のように40代独身で都内に家を持とうと思ったとき、ほとんどの人が考えるのが「マンションを買う」という選択でしょう。新築を買ったり、中古を自分流にリノベーションしたり……。確かに、きちんと管理会社が付いた集合住宅は暮らしやすく、安心感が魅力なのもよくわかります。

ただ、そんなマンションを買った女性たちに話を聞くと、口をそろえて「そもそも家を建てるなんて発想はなかった」と言うのです。なぜなら、「自分には絶対に縁のないことだから」。それって本当に？　私は、そうは思いません。

家の在り方は、人それぞれ。都内の一等地に豪邸を建てるのはハードルが高いかもしれませんが、「自分に合った身の丈の一軒家」を建てることは、それなりのマンションを買える状況の人であれば実現不可能ではないはずです。

そして、私はどうせやるなら思い切りやりたかった。ハウスメーカーが作った家を「買う」のではなく、建築家と家を「作る」こと。その過程の楽しさは、「この世にこれほど楽しいことがあったのか！」という経験したことのない驚きや喜びとなりました。

もし、あなたが自宅の家賃を毎月払いながら、「この先、どうしようかな」と思っているならば。そんな選択肢があることを、ぜひ思い出してほしい。そして、この本がその何かの手助けになったらうれしいです。

みんな、ひとりで家を建てようぜー！

ツレヅレハナコ

目次

2章 いつだって、楽しいかどうか?が決断の決め手

3章

なにがなんでも、台所いのち！

4章

台所以外にも、ハナコ流のストーリーが満載

5章

家づくりには時間がかかる！　そして、ついに完成

コラム

1章～5章
コラム・業務用厨房メーカー「タニコー」工場見学
コラム・教えて！坪谷さん
text by 加藤郷子

新居にて振り返る①～⑤
text by ツレヅレハナコ

コラム・ハナコさんのインスタグラム
text & photo by ツレヅレハナコ

photo by 阿部了

1章

突然、女ひとりで家を建てると、決めた

家づくりのきっかけは、岩手県の小さな町

2018年8月。ツレヅレハナコさんが訪れていたのは、岩手県の大槌町《おおつちちょう》。東日本大震災で大きな被害を受けた、海沿いの小さな町です。ハナコさんが暮らす東京とはまったく関係のないこの場所から、女ひとりの家づくりは始まりました。このとき、ハナコさんは、自分が家を建てるなんて、一ミリも想像することなく、ただただおいしく、昼から日本酒を楽しんでいたそう。うに、あわび、いくら、すじこ、いかの沖漬け、ホヤ塩辛などなど、大槌町でたくさん手に入る、地元のおいしい海の幸をつまみに……。

無類の食いしん坊&のんべえとして名を馳《は》せる、ツレヅレハナコさん。大槌町にやってきたのは、「食」をキーワードにして大槌町の町づくりを応援するため。それには、まずはこの町を知らなければと、訪れたのです。

ハナコさんに白羽の矢を立て、大槌町に招いたのは、今回の家づくりのキーパーソンとなる、建築家の坪谷《つぼや》和彦《かずひこ》さんです。坪谷さんは横浜を活動拠点にして、長年、個人住宅や、東北大学の医学部などといった施設の設計に携わっていました。ところが、2011年の震災後、ある冷蔵庫メーカーからのお声がけで、岩手県・大槌町の水産加工場の設計を担当したことで暮らしが一変。津波ですべてがなくなってしまったこの地域の店舗や事務所、個人宅などの設計が数多く舞

い込み、大槌町にも拠点を構えて、1年の半分以上はここに暮らすほどになっていました。「インフラのすべてがなくなってしまった町なので、坪谷さんはこの8年で200軒もの一般住宅や公共の建築物を大槌町に建てるのに関わってきたそうです。そんな坪谷さんが、突然長いメールをくれました」と、最初の連絡を思い出しながらハナコさん（ついでに、大好物のホヤまで送ってくれたそう）。

坪谷さんは、仕事をたくさん受注する中、大槌町の同世代の人たちとつながり、家や会社、町工場を建てるというインフラに関連する仕事をするだけではなく、町づくり、町おこしなどソフト面にも自然と関わるようになっていました。そんな中、大槌町の豊富な食材を使って、新しい名物をつくったり、多くのお客様を惹きつけるようなイベントを開催したりしたいと考えるように。そして、いっしょに大槌町の食の魅力を伝えてくれる人を見つけ出すべく向かったのが、大型書店の料理本コーナーでした。そこには料理本があまた並んでいましたが、坪谷さんが手に取ったのが、ハナコさんの著書『ツレヅレハナコの薬味づくしおつまみ帖』（PHP研究所）です。「薬味が好きだし、お酒を飲むのが好きだからおつまみも好きだし（笑）、素直にいいなと思って、手に取ったんですよ。プロフィールに書かれていたインスタグラムを見てみたら、東北にもよく行かれているし、フットワークがめちゃくちゃ軽そうな人だなと驚いて。かなり遠い大槌町ですが、この人に絶対来てほしい！と思ったんです」と坪谷さん。8年にわたって、大槌町と横浜を行ったり来たり（その間に別の地域の仕事もしつつ）している坪谷さんですから、行動力はひと一倍。即、ハナコさんに声をかけるに至りました。

「レシピ本をつくったり、雑誌に旅エッセイを寄稿したりという仕事が軌道にのり、そろそろ新しいジャンルの仕事にもチャレンジしたいと思っていた時期でした。震災後、復興のお手伝いのようなことは、なにもできていなかったので、お役に立てれば」と、ハナコさんも快諾。以来、大槌町に通うようになりました。

身の上話から広がって、突然、自宅の賃貸脱却の流れへ

「大槌町って、東京から行くと遠いんですよ〜」とハナコさん。公共の交通機関だけでは行くのがなかなか大変なので、毎回坪谷さんが、盛岡駅や新花巻駅《しんはなまき》まで車でお出迎え。そして、そこから1時間〜1時間半の道のりです（ちなみに、盛岡から電車だと2時間半）。震災のこと、地域の食材や食文化のことなど、大槌町に関わることを発端に、飲むこと、食べること、旅のこと、最近の仕事のことと話題はどんどん広がっていきます。なにせロングドライブです。それを何回か繰り返すうち、自然にプライベートのことや、日々の暮らしぶりのことも話題にのぼりました。

ちょうどその頃、いっしょに暮らしていた彼と別れ、広い3LDKの賃貸マンションでひとり暮らしとなっていたハナコさん。住んでいたのは、昔からなじみのあるJR中央線沿いの住宅街。最寄りの駅には新鮮な魚介を対面販売する魚屋をはじめ、よい食材が揃うスーパーや食品店も多く、自炊はもちろん、撮影のための食材を買うにも好都合な場所でした。さらに、ふらっと立ち寄れるような居酒屋もたくさん見つかる。大好きな街でした。

「なにより、そのマンションの台所がよかったんです」と、ハナコさんも力が入ります。バブル期に建てられたちょっと古いマンションだったこともあり、賃貸とはいえ、キッチンも剛健なつくりで、今どき珍しいクローズドのL字型キッチン。ほどよい狭さが逆にコックピットみたいで、とっても使いやすいと感じていました。そのうえ、美しい〝サイド光〟(詳細は50ページに後述)まで！　この台所を舞台にエッセイ本まで上梓してしまったくらい台所愛も極まっていたので、引っ越しを考えたことはなく、ちょっと広すぎるかなとは思いつつも、住み続けていました。

ふたりで暮らすことを想定して借りた空間だったので、家賃はなかなかの金額。「でも、好きな場所だし、がんばって働いて住み続けようと思っている、なんて話を坪谷さんにしました」。するとと、坪谷さんから「ハナコさんが家に求めることは?」「賃貸にこだわりたい理由はあるの?」などと、いろいろ質問が。今住んでいる家が好きだから、そのマンションに住み続けるというゆるい気持ちだったハナコさんから話を聞くうち、坪谷さんから飛び出したのは、「そんなに高い家賃を払い続けるくらいなら、マンションを買っちゃえば？」という言葉。購入したうえで、自分の望む空間にリノベーションすればいいとのアドバイスでした。「あ、この人、町づくりのプランナーじゃなくて、そういえば建築家だったと、それで思い出しました」とハナコさんは笑います。

賃貸だとどんなにがんばって払い続けても、その空間が自分のものになるわけではないけれど、買えば、がんばってローンを払い続けることで、自分の財産になる。さらに、自分のマンションなら思い通りの空間もつくれるし、気に入っているキッチンの再現だって可能。月々の支払いは、今払っている家賃より安くなる可能性も高い。

そして、坪谷さんから、賃貸を続けたときに今後支払うであろう、具体的な金額を告げられます。自分でも簡単に計算できるのに、今までずっと気がつかないふりをしていたその金額の多さに、それまでまったく興味がなかった、〝マンションを買う〟という選択肢が、突然ハナコさんにとって、現実味のある話になったのでした。

「この先、何十年と生きるだろうし、自分の仕事場は家なのだから、買ったほうがいいんだと、はっとしました。日々の仕事は忙しいし、お金のことは面倒くさいし、きっと深く考えることから逃げてたんですよね……。今後のことをあまり考えることをせず、なんとなく賃貸し続けることを選んでいた私の中に、初めて〝不動産購入〟という選択肢がわき上がってきたんです」

中古マンションを探していたはずなのに……

実は、ハナコさんも最初からひとりで一軒家を建てようと思っていたわけではありませんでした。仕事を持ち、自分の力で生計を立てているシングル女性が自分の城を持とうとするとき、多くの人が考えるのは、まずは、やはり〝マンション購入〟でしょう。ハナコさんにとっても、それが最初の選択肢でした。思い通りのキッチンをつくることを考えると、狙いを定めるべきは、お仕着せの新築マンションではなく、中古マンションを購入してリノベーションすること。「いくらかかるのかとか、ぜんぜんわからないけれど、築50年くらいの古いマンションだったら手が届きそうだし、なんだかリノベーションって楽しそう！」。そう思って、気軽な気持ちでマンション探しが始まります。

両親に相談してみると、ハナコさんが不動産を持つことは、大賛成。中古マンションを買うことにも賛成してくれましたが、ひとつだけ念を押されたのが、旧耐震基準のマンションではなく、1981年6月以降に建築確認を受けた新耐震基準のものを買うこと。大切な娘が長く住むことになり財産にすべきものですから、より安心なものをと願うのは当然のこと。つまり、2018

ハナコさん旧居である賃貸マンションの台所。ここが好きすぎて、引っ越しを決断できずにいた。コンロ脇の窓から入る“サイド光”の美しさが、とくにお気に入りのポイント。

年秋の時点で築37年以上のものは不可ということになります。まず、それが第一条件でした。

ハナコさん自身の条件としては、
◎今住んでいるお気に入りのエリアであること。
◎駅から徒歩10分以内なこと。
◎友だちが集まれる、撮影スタジオにもなる広いリビングがつくれること。
◎採光よく、風通しのいいこと。
◎猫と暮らせること。

そして、なにより、サイド光の入るキッチンをつくれること。
大槌町へのロングドライブの中で、坪谷さんがいろいろとヒアリングをしてくれたので、自分のやりたいこと、望むことはクリアになっていました。あとは、条件に合う中古マンションを見つけるのみ！　やると決めたら、猪突猛進、がっつりやるタイプのハナコさん。3日に1軒というペースで内見しまくり、1カ月ほどで30～40軒は資料請求したといいます。そして、はたと、希望のマンションが、希望のエリアで、希望の金額内で見つかる可能性はとてつもなく低いのでは？という事実に気がつきます。精力的に見て回れば、そのとき、希望のエリアで販売されている中古マンションには限りがあることがわかります。条件に近い、見るべき新しい物件はもう出てこなくなりました。

それなら、そのときに見つかる物件の中で、なにを妥協するのか？　部屋を狭くするのか、サイド光を諦めるのか、エリアを変えるのか……。希望の条件の中で、なにを諦めるのかを考えるうち、自分の希望を物件に合わせてねじ曲げていかなければいけないことがわかり、ハナコさんの気持ちはどんどん盛り下がっていきました。「そんなにいろいろ妥協したものに、何千万円も払いたくない！　だったら、もう一生賃貸でいい！」と、不動産購入をやめる方向に気持ちが流れていきそうでした。

でも、そんなとき、坪谷さんから、「それほど実現したいことがはっきりしているんだから、一戸建ても視野に入れてみては？　もちろん、中古マンション＋リノベーションと同等の金額とはいかないけれど、中古マンションを購入するよりも予算の総額を上げる気持ちになれるだろうし、ほしいものだけに特化すれば、思うほど高いものにはならないはず。一から家を建てたほうが自分のこだわりを詰め込んだものができる」と、想像もしていなかった提案が飛び出します。

「土地を買って家を建てる？　私にも建てられるの？」

まさかの選択肢が、ハナコさんの前に現れた瞬間です。「家を建てるなんて、いったいどれくらいお金がかかるのか見当もつかなかったのですが、坪谷さんにいろいろ質問し、金額の目安などを聞くうち、自分の実現したいことだけに特化して、ほかを削れば無理じゃないのかもと思えてきました。その頃には、新しめの中古マンションは決して安くないこともわかってきていましたし、都会のど真ん中に、豪邸がほしいわけではないし、戸建てもいけるのかも……？って」。

坪谷さんと出会って、まだ数カ月ほど。でも、気軽にバンバン尋ねられる専門家がすぐ近くにいたことで、疑問に思ったことについて逐一答えをもらえて理解を深めることができ、不動産にまったく興味を持っていなかったド素人を自認するハナコさんが、土地を買って一軒家を建てようというところまで一気に方向転換。それもハウスメーカーにおまかせするような家づくりではなく、一からのフルオーダーです。その決断を後押ししたのは、とてもシンプルな気持ちでした。

「自分のやりたいことを一から実現できるなんて！　家を建てるのって、本当に楽しそう！」

そう、ハナコさんの行動の基軸になっているのは、〝楽しい！〟か、どうか。

なんでも、とことん楽しんでしまおうという精神がハナコさんらしさです。それまで、食のこと、食まわりのことにしか興味がなかったのに、まったく違う分野の専門家から新しい話を聞いていると、知らなかったことをどんどん吸収でき、とにかくおもしろい。突然、すごくハマれる新たな趣味ができたかのように、ワクワク感がむくむくとわき上がり、その気持ちが、女ひとりで家を建てるという大きな決断へと向かわせました。

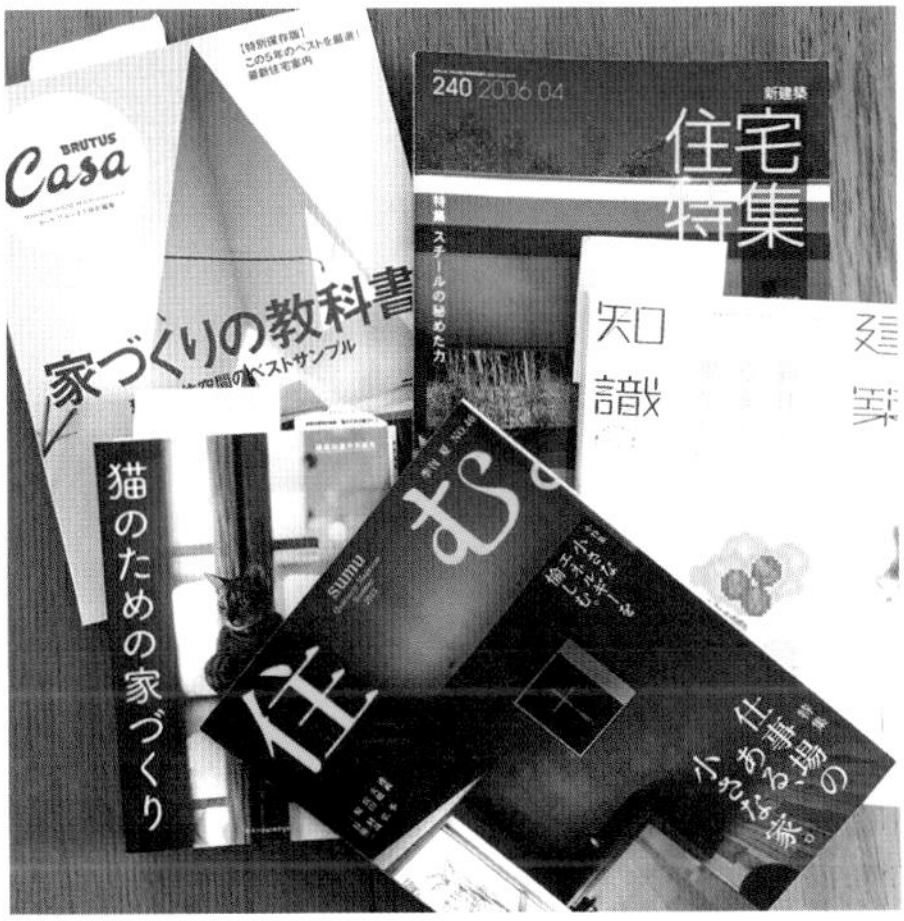

2018年の年末、ハナコさんがインスタグラムで突然の重大発表!

2018年12月28日
〈いきなりですが、家を建てることにしました! 半年前まで思ってもみなかったこの状況。でもこの先をいろいろと考えた末、「家、建てるの面白そうだなあ」と思っちゃったのですよ。
どうなることやらですが、腹を決めた今はもう楽しくて仕方ない! 現段階は建築家さんと基礎設計中で、来年の秋に完成予定。なかなか愉快でステキな家になりそうなので、ご興味ある媒体あれば取材もお待ちしてまーす。〉
インスタグラム @turehana1 より

新居にて振り返る① 「夢のマイホーム?」

「家を建てる」どころか「マンションを買う」つもりもなく、「一生、賃貸に住むんだろうな」と漠然と思っていた私。今こうやって新居で過ごす間も、「ホント、人生ってわかんないわー」とひとりつぶやきそうになります。

正確に言えば、自分が不動産を購入する選択肢がなかったというよりも、考えたことがなかった。忙しい毎日の中では、日々のことで精いっぱい。家賃は毎月勝手に引き落とされていくし、面倒くさそうなことと向き合うのを無意識に避けていたんでしょうね。

40代になると、周りの友人たちもぼちぼちマンションを買い始めます。シングルの友人も多いのですが、口をそろえるのは「この先、もしも結婚することがあれば売るか貸すかする。でもその可能性は低いからひとり暮らし用を買っちゃった!」なんて話。すごいなあと思いつつ、完全に他人事《ひとごと》でした。

当時、建築家の坪谷和彦さんに「ひとりで2人分の家賃払ってるんですよー」と話したのも、単なる雑談の流れ。でも、具体的な金額を口にしたら、坪谷さんの表情ががらりと変わりました。いきなりのヒアリング状態になり、私がそのことについて大して考えていないことがわかると「ハナコさん、目を覚ませ!」と強い口調で言われて驚いたのを覚えています。

実際に「この家賃を30年払い続けた場合」の計算をすれば、明らかにマンションが買える。そして、その不動産は財産となり、高齢になったときの「賃貸の貸し渋り」などの不安もなくなる。そうだよねえ。おっしゃるとおり。とはいえ、気軽に引っ越すことが難しくなったり、数千万円のローンという莫大な借金にしばられることにもなるのも事実。それぞれメリットとデメリットがあり、どちらが良いかはその人の状況と考え方次第なのです。でも、私の場合は明らかに買った方が良い気がするな。漠然とそう思いました。

とはいえ、実際に中古マンション物件を見に行ってみると、どれもこれも気に入らない！　そんな中、妥協しまくりの中途半端なリノベーションはつまらないなとも思うようになっていきました。せっかく坪谷さんという一から設計できる強い味方がいるのに、ちょこちょこ直してもらうだけなんてもったいない。私の求める住まいが、フルスイングで設計されたものを見てみたい。予算の概念は、まだふわっとしていた段階とはいえ、なかなか恐ろしいことを考えるものです。でも、だからこそ最終的には一軒家を建てるというところまで話がいったのかなとも思います。

「夢のマイホーム」というくらい人生の目標として家を建てる人もいるのに、私にとっては完全に降って湧いた話。「ハマれる趣味」とは言い得て妙ですが、金額は大きくともこれまでまったく縁がなかった不動産というジャンルに触れるのは興奮する日々でした。家を「買いたい」わけではない。私ひとりで家を「作りたい」、いや「作ってみたい」。そして、それはめったにないことだけれど、不可能ではないのでは？

坪谷さんからのアドバイスはあれど、基本的にはなんの知識も根拠もない状況。それなのに、ひたすらワクワクが止まりませんでした。いま考えても、あの頃の急展開と自分の勢いには驚かされます。

2019年1月9日
〈次の家ではパントリーを作って「干す食べ物コーナー」も併設するつもり。（後略）〉
インスタグラム @turehana1 より

2019年1月10日
〈東北の民家で見かける、上に鍋を乗せて煮炊きする気満々タイプの丸型石油ストーブ（巨大）。
新居は土間を作る予定なので、そこに置いたらどうかな…と本気で思い始めて楽天とか調べてる自分が怖い。（後略）〉
インスタグラム @turehana1 より

2章

いつだって、楽しいかどうか？が決断の決め手

家づくりの決断を後押ししてくれたのは、自動車免許の取得だった

実は、家を建てることを決める、さらに半年ほど前（2018年の春です）。ハナコさんは、石垣島にいました。東京生まれの東京育ち。便利すぎるほどに発達した交通網を誇る東京に住んでいると、自動車免許がほしいと思う機会は、そうはありません。実際、ハナコさんは40歳をすぎるまで、免許を取ろうと、考えたことさえなかったのだそう。

「でも、フリーで仕事をするようになり、地方に行くことが増える中、『車が運転できれば、誰かに連れて行ってもらわなくても自分ひとりでどこへでも行けるのに』と、もどかしく感じるようになりました」。それなら免許を取ろう！と決意。このときもせっかくなら、より楽しくと、石垣島の友人アパートに計2カ月ほど住み、免許を取得しました。

「私が免許を取るって、自分としては、すごく意外な決断だったんです。人は40歳をすぎたら、好きなものとか、やりたいこととかは変わらなくなるし、大きな気持ちの変化も起きなくなる。そんな風に思ってきたんですが、『ちょっと環境や意識が変わるだけで、まったく興味もなくて、必要もないと思っていたことに意識が向くんだな、こんな私が免許を取っちゃうんだな』と、新鮮な気持ちになりました」

人はいくつになっても、新しいことに挑戦できる。

車の免許を取ったことで、「今までの自分の価値観や生き方にとらわれる必要はない」「興味がないと切り捨てるのはもったいない」と、漠然と感じるようになっていたハナコさん。そのときどきで変わる、自分を取り巻く環境に合わせて、興味の枠を広げて新たな決断をすればいい。振り返ってみれば、自動車免許取得は、ハナコさんの意識改革の役割も果たしていたようで、家を建てるという、大きな決断に向かわせる後押しになりました。

ＪＲ駅から徒歩3分！　運命の土地が現れた？

マンションではなく、土地を買ってフルオーダーの家を建てると決めたものの、「はい、ここ！」とすぐ購入する土地が決まったわけではありません。中古マンション探しと、土地探しでは、また見るべきポイントも違い、ゼロからの仕切り直し。

土地を探すことになっても、「理想のサイド光がキッチンに入る立地！」など、基本的な条件は変わりません。とはいえ、マンションから始まって土地探しへ。短期間にたくさんの不動産物件を見るうち、探し方や時期が悪いのではなく、希望するすべての条件を満たすことは不可能なんだと、気づいた瞬間がありました。自分が探している物件や土地というものは、仮想であり、すべての要件を満たすものは、世の中には存在しないことが腑《ふ》に落ちたのです。

そのちょっと前、そして、実際に購入した土地に出会う寸前に、契約しかけた土地がありました。希望のJR中央線で、若者が多く住む活気のある街。駅から、なんと徒歩3分。頭で思い描いていた多くの条件をクリアしている土地でした。

「よし！　ここにする！」と決め、購入を申し込むべく動いていたのですが、土地自体に小さな問題が見つかり、最終決定は、その確認ができてからにしようということになりました。契約が一旦棚上げになり、ちょっと小休止。すると、盛り上がっていた気持ちが落ち着き、どんどん冷静になっていきました。駅から近い分、なんとなく少しすさんだ雰囲気があると感じていたその土地に、「実際、自分はひとりで住めるのか？」そんな疑問や不安が頭をもたげてきたのです。

最終的に決めたのは、希望とは違う沿線の土地

そんなときに出てきたのが、JR中央線にも近い、私鉄沿線駅そばの土地。JRの駅から徒歩圏という条件以外は、すべてクリアしていました。早速、見に行ったところ、駅からの道のりは感じのよい商店街で徒歩7分。この道を通って帰宅する自分の姿が自然に想像できたといいます。

「最初に契約しかけた土地は、『JRの駅から徒歩3分！』という条件でかなり舞い上がってしまったけれど、思い返せば、自分がそこに住んで、街を歩いているところが想像できていなかったんですよね。でも、最終的に購入した土地は、この場所でそれなりに年を重ねながら暮らしていく自分が見えた気がしたんです」

その土地には、まだ前の住人が長年住んでいた家が建っていました。子どもが小さかった頃の家族写真や運動会の写真などが飾られた、ハナコさんが生まれた年に完成した家。つまり同じ年の家です。売主は、近くでお寿司屋さんを営んでいるご夫婦。子どもも独立し、もっと小さい住まいで老後を過ごすため、その家を手放すことを決めていました。土地を見に行った当日、そのご夫婦にもお会いし、先方もハナコさんを気に入ってくれた様子。長年住んでいた愛着のある土地に住んでほしいからと、予算オーバー分の値引きにも応じてくれました。「あの〝お嬢さん〟（笑）に買ってほしいと、ご夫婦は言ってくださったそうなんです」。

前住人からしっかり愛されていた場所。「ご夫婦から家族の話などを伺い、ここにはいい記憶がいっぱい詰まっていて、前向きな意味で世代交代を迎えた土地なんだと感じました。まったくの赤の他人だけれど、その幸せな記憶を私が引き継いで、ここに移り住むことができるなんて、『いいじゃん！　いいじゃん！』と、すとんと自分が納得していました。自分の中で物語がつながったように感じたんです」。

大きな条件のひとつだったエリアの枠を少しだけはずしたら（それでも、自転車で15分ほど走れば、お気に入りの街まですぐ出られる距離）、永遠に見つからないと感じはじめていた土地がすんなり決定。物件を見に行った当日のうち、ハナコさんは申し込みを終えました。条件だけが重要なわけではなく、自分の中で「腑に落ちた」ことが決定打になりました。「たくさん見て、納得したからできた決断だと思います。たぶん、初期段階でこの土地に出会っていたら決めていない。よくいわれている、『物件選びは、縁とタイミングが大きい』というのは真実だと思いました」。

ずっとこだわっていて、ぜったいにはずせないと思っていたエリアという条件だったのに、突然、納得。「結局、妥協したのでは？」というと、そうでは決してなく、「すとん！」と自分の中に落ちる瞬間があったようです。それは、さまざまな過程を経て、自分にとってなにが、よりよい選択なのかを、さんざん悩み考えることで、たどり着く境地なのでしょう。

メンタルが揺れまくる日々は、刺激的だった

建築家の坪谷さんに最初に会ったのは2018年7月、場所は東京でした。賃貸脱却に興味を

持ちはじめたのが10月の頭。そして、家を建てる土地に出会ったのが、11月18日。売買契約は11月30日。

つまり、「賃貸脱却をして、マンションを買う」と考えたスタートから、「一軒家を建てるという方向転換をして土地を決める」というゴールまでは、たったの2カ月！　大きく立ち止まることもなく、ハイペースで走り切ったハナコさん。まったく不動産に興味がなく、完全な賃貸派だったにもかかわらず。驚きの短期間です。

この間、大きな決断を何度も強いられ、メンタルが揺れまくる日々だったと、ハナコさんは振り返ります。「期待が大きくなってはダメになるということを繰り返して、気持ちがヤラレる感じがありました。自分の力だけでは、どうにもできないことに振り回され、気持ちが上がったり、下がったり。就職活動やお見合いなどに近いかもしれません。実際見て回っていた期間はたったの1カ月半というのに、疲れきってましたね。私、あんまり疲れない人なのに……」。

購入のための住まい探し、土地探しはそれくらい精神的にハードということ。もちろんその間もあちこち出張へ行き、原稿を書き、料理の撮影もしながらですから、そのパワフルさたるや！　体も心も疲弊して辛い思い出にもなりそうなところですが、「振り返れば刺激的な日々で、おもしろかった！」と、あくまでもハナコさんは楽しげです。

気持ちが上がったり下がったりする日々に嫌気がさし、諦めて途中で計画自体をやめようという気持ちになったことも。でも、高額な家賃を払い続けたときの総額を考えると、確固たる理由があって賃貸を選んでいるのでもない限り、やっぱり賃貸し続けることはもったいないから、と自分を鼓舞。購入というゴールに到達することができました。

一般的には探し始めてから半年～1年で物件を決める人が多いという不動産探し。ハナコさんの場合は、買うことさえ想像していなかったところから2カ月そこらで契約まで。この短距離走的決断こそが、間違いなくハナコさんらしさなのでしょう。

初期設計は、スムーズにクリア

土地が決まる前から、自分が家づくりで実現したいことは全部、坪谷さんに伝えていたハナコさん。実際の土地探しにも建築のプロである坪谷さんのアドバイスには助けられたそうです。

「私が最終的に購入したのは、間口が狭くて奥に深い京都の町家のような土地。この土地に家族で暮らす家を建てるとなると、動線を考えるのがとても難しいそうです。複数家族だとどうしても、人と人がぶつかりあう動線になってしまうんですね。でも、ひとり暮らしなら問題がないというアドバイスももらえ、やりたいことがちゃんと実現できる土地であると安心したうえで購入に踏み切ることができました」

そして、希望はしっかり坪谷さんに伝わっていたので、すぐに設計に取りかかってもらうこともでき、ローン審査のための初期設計の図面もなんなく、完成しました。

「8年に及ぶ、多忙を極めた坪谷さんにとっての大槌町プロジェクトがほぼ終わりに近づいていたこともあり、こちらに集中してもらうことができたのもラッキーでした。今回の家づくりを進めるのに、ぴったりのタイミングだったんです」

お金のことは、正直面倒くさいし、苦手。でも、大切だった！

同時進行で、税理士、不動産会社、そして、不動産関連に詳しい父に話を聞きながら、やるべきことを端からこなしていく日々。「正直、お金の話なんてどうでもよくて、まったく楽しくなかったです。『早く家の話がしたい！』って、ずっと言っていたほど。でも、みんなに、『ハナコが払うんだから、どうでもよいわけないから』って、たしなめられながら進めていましたね」。

苦手な分野だからこそ気をつけたことは、とにかく開けっぴろげになんでも聞きまくること。そして、自分自身と、きちんと向き合うこと。自分に今どれくらいの収入があって、将来的には

引き戸である玄関を入ると、内と外とをつなぐ位置づけのポーチがある。さらに、ガラスの引き戸を抜けると、玄関、リビング、台所を兼ねる土間。奥はプライベートスペースで、書斎、水回り、寝室が一直線に並ぶ。

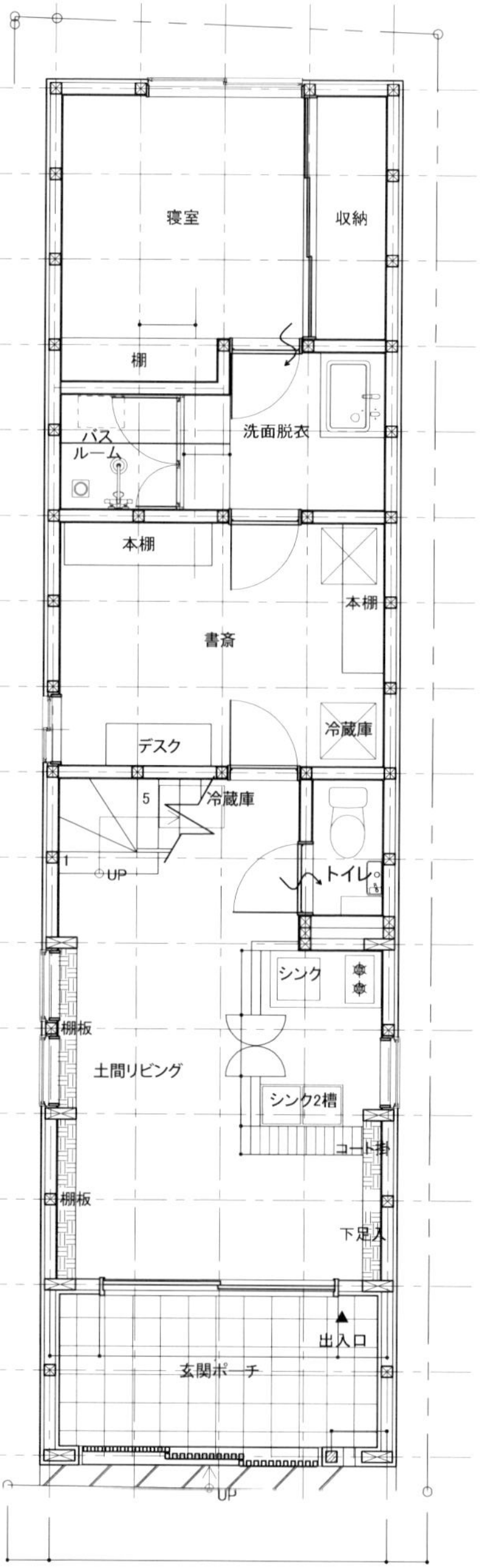

1階平面図

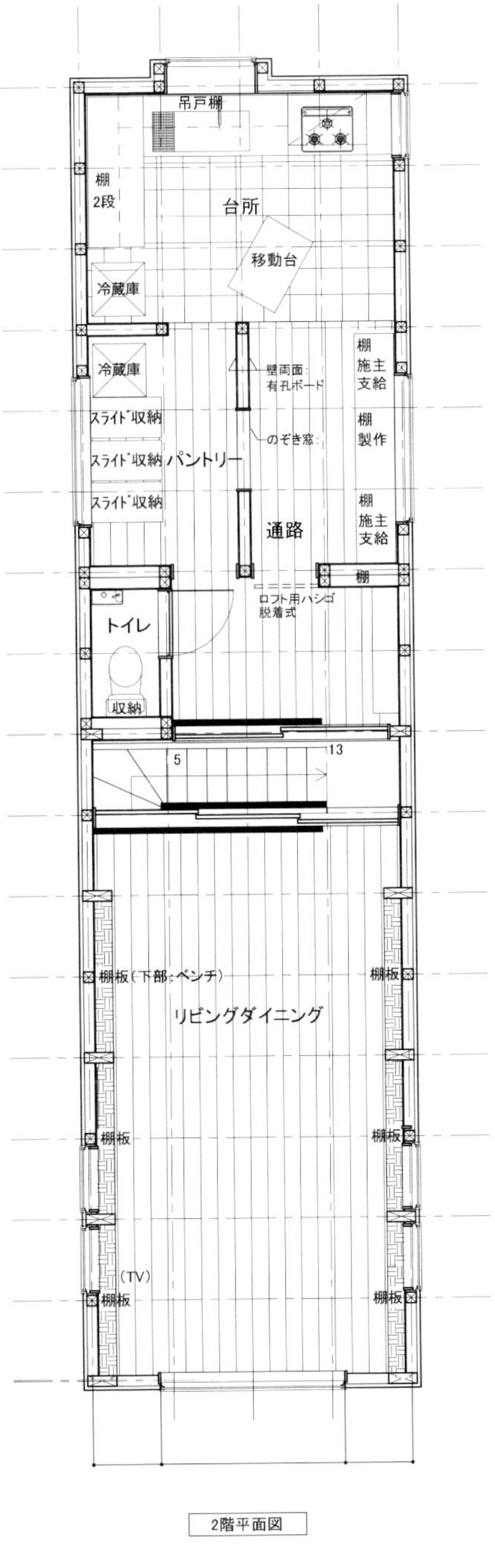

2階平面図

家の真ん中にある階段を登りきると、右側がリビングダイニング、左側が台所。いちばん北に、ハナコ家の主役である質実剛健なキッチン設備が鎮座している。通路とパントリーを使って回遊できる間取り。

どれくらいが見込めるのか。自分がいくら借りられて、いくら返せるのか。自分の人生設計みたいなものはぜんぜん考えたことがなかったというハナコさんですが、ここではじめて向き合うことになります。その結果、仕事柄広いスペースが必要で、家賃がどうしても高額になりがちな自分は、やはり買ったほうがよいタイプだったと改めて実感。家賃は払い続けても自分の財産にはならないけれど、ローンなら払い続ければ終わりがきて、家と土地が、自分の財産として残る。「女のひとり暮らしに、自分の家があるというのは、なにかと心強い」という気持ちもありました。

決して楽しい作業ではなかったけれど、このタイミングでしっかりライフプランに向き合ったのはよかったのだそう。

「雑誌の編集者時代に、ファイナンシャルプランナーの方を取材して、『まずは人生設計を立ててマネープランをすべし』的なことをすすめる記事をさんざんつくってきました。それなのに、自分は一度もやろうと思ったことはなくて（笑）。でも、『あのときファイナンシャルプランナーが、しつこくおすすめしていたのは、これか！』と合点がいきました。とくに私はフリーランスだからこそ、必要なことでしたね」

賃貸ではなく、購入を選んだ本当の理由は……

　購入したほうがいいのか、賃貸のほうがいいのか。どっちが得でメリットがあるのか。多くの人が疑問に思い、悩む問題です。実際のところ、立場や環境、住まいに求めることなどによって答えはまちまちで、専門家によっても考え方によっても違い、正解はありません。ハナコさんは買うという決断をしたけれど、買わない決断だって、もちろんあり。「みんなが買ったほうがいいっていうから」など、他人の言葉に流される必要はありません。

　でも、一度立ち止まって、自分がどういう暮らしをしたいのか、どういう住まい方をするほうがメリットがあるのかをじっくり考え、選択肢と向き合ってみることはとても重要。ハナコさん、そういうことが苦手で、ずっと避けてきました。だからこそ、やってみてはじめて、その大切さを切実に実感したようです。

「親や仕事のことなども、考慮に入れる必要がありますから、最終結論は人それぞれだと思います。それでも、一回向き合うのはとても大事！　ちなみに私の場合、買ったほうがメリットがありそうと感じたのも大きいんですが、なによりも、『家を建てるのって、めちゃくちゃ楽しそう！』って思ったのが、購入を決断した最終的な理由です。そして、楽しいことをやるには、お金が密接に関わってくるんですよね。楽しいだけ、夢だけでは家は建たないから……」

無理だと、自分で勝手に決めつけているだけかも?

ハナコさんが選んだ、「女ひとりで家を建てる」という決断。一般的には「私には無理、できない」と考えてしまいがちな、なかなか極端な選択です。でも、そんな選択が少しでも気になるなら、無理と決める前に、「本当にそうなの?」「できない理由はなんなの?」「突破口はないの?」と、一度しっかり考えてみる時間をとったほうがいいと、一連の作業の中で感じたハナコさん。

自分だけで考えても結論は出ないから、建築家、不動産会社、ファイナンシャルプランナーなど、専門家に話を聞いてみる。すごく面倒くさいことだけれど、これからの自分の人生をより豊かに、楽しくすることにつながるのだから、どこかのタイミングでやっぱり自分と向き合い、専門家と話すという体験はやったほうがいい。それで、結局、無理、できないとなったとしても、その経験は、無駄にはならないはず。

家ができ上がった今、ハナコさんは心からそう感じています。

さすがに、ローン契約日には緊張＆不安も

住宅ローンを組むために相談したのは、独立以来、確定申告を依頼していた税理士さん。アドバイスをもらいながら進めていきました。「私は、フリーランスなので、金利がよいからというだけで決めることはできず、私の状況にも理解のあるローンを探しました」。

これまで家を購入するとは、みじんも考えていなかったハナコさんですが、きちんと確定申告をしてきたことも功を奏し、無事にローンを組むことができました。

基本的には、なんでも楽しみつつ、ワクワクしかない状況で進めてきたここまでの道のり。でもさすがに、実際ローン契約をするときは、これから自分がずっと払っていくという事実に不安も感じたというハナコさん。「支払う金額を確認することになるので、さすがに現実感がありました」。それも間違いなく、本音でしょう。

でも、この先には夢しかない！　ワクワクしかない！　そんな気持ちでローン契約を終え、2019年2月16日に、東京23区内、最寄駅から徒歩7分、南道路の21坪の土地がハナコさんの所有になったのでした。

大槌町でおいしい魚介をつまみながら、たらふく日本酒を飲んでいた頃のハナコさんが聞いたら、心底びっくりすることでしょう。そのたった半年後のことでした。

新居にて振り返る②　「ものを買うのではなく、物語を買っている」

「家を建てる」と決めて土地探しを始めたものの、実は不満が募っていました。探しても探しても、希望する土地に巡り合えない。正直、「不動産屋さんの探し方が足りないのでは？」くらいに思っていましたね。

でもある日、雷に打たれたように気づいたのは「あ、そんな土地はないのだ」ということ。土地の値段というのは本当によくできていて、広さや立地、道路の幅などすべて方程式に当てはめたように値段が決まっている。自分の中で優先順位をつけて、何かを諦めなければ永遠に予算内のものは出てこない。突然そう気づいて、坪谷さんや不動産屋さんに「もしかして、このままだと見つからない？」と話すと、「ずーっと前から何度もそう言っています！」とあきれられたほどでした。思い込みって怖い……。

それでも、ＪＲの駅から徒歩3分の土地に出会ったときは「あるじゃん！」と色めき立ちました。希望よりは少し狭いけれど、予算内でとにかく3分。ＪＲから3分。完全にそれだけのことにのぼせていて、すぐにでも契約をする勢い。でも坪谷さんに現場を見てもらうと、着いた途端に怪訝《けげん》な顔をされて……まだ古い空きアパートが建つ土地の裏側に回ったかと思うと、「建物の裏がカビだらけ。ここ、風が全く通りませんよ」と言われたのです。

俗にいう、「気が悪い」というのでしょうか。少しすさんだ雰囲気がするのも、たぶんそのせい。実は自分だって、それは少し心に引っかかっていたことでした。

賃貸は、合わなければ引っ越せばよいけれど、建てるとなればそうもいかない。見て見ぬふりをして進めず、少し冷静になろう。そしてラッキーだったのは、ちょっとした土地側の問題点のおかげで契約日が延びていたこと。いろんな意味でギリギリセーフ！　おかげで勉強させてもらったと思っています。

実際に購入した土地は、見に行った瞬間から「なんて気がいい場所！」と思いました。普段、スピリチュアルなこととは縁遠く、星占いも見ないほどですが、これって土地探しには本当に重要なポイントだなと今も思います。余談ながら、私が持っている台所用具はすべてに「これは、こんなときに、こんな場所で買って……」などの物語がついていて、それゆえに愛着があります。それは、土地も同じ。「ここで、こんな人たちがこんな風に暮らしてきて……」という物語が見えたとき、「いいな」「ほしいな」という気持ちがぴったりきました。ものを買うのではなく物語を買っているといえば言いすぎながら、私にとってはかけがえのない価値感のひとつだと思います。

ローンを組むまでの具体的なお金の試算は、正直苦痛でしかありませんでした。42歳にもなって、初めてまともに自分と向き合ったような気さえするくらい！　あまりにも額が大きすぎて、実感が湧かなかったのも本音。改めて自分は本当に建てるべきなのかから始まり、今ある資金はどれほどなのか、これから先いつまでのくらい稼いでいけそうなのか……、「この先なんてわかんないよー。フリーランスだし」などと、子どものようなことも言いたくなるほどでしたが、お金を払うのは誰でもない自分ただひとり。ここは踏ん張りどころでしたね。

実際の契約時は、書類に並ぶ金額のゼロの数を数えて武者震い。間違いなく人生最高額の借金だと思いますが、ハンコをつき終わったときは不思議と晴れやかな気分でした。なにより「これで建てられる！」という喜びに満ちていて、その日のビールがおいしかったこと！　やっとスタート地点に立った気持ちだったのを覚えています。

2019年4月6日
〈私が家を建てる土地に残っている建物を取り壊す工事がスタート。いよいよ、いろいろ始まるー!　工事前には、タオルと挨拶文を持って大工さんと建築家さんと近隣をまわるのです。知らないことばかりだなー。(後略)〉
インスタグラム @turehana1 より

3章

なにがなんでも、台所いのち!

すべては台所愛から始まった

「台所に住みたい！」とは、ハナコさんがよく口にするフレーズです。寝ても覚めても食べることばかり考えている、と自認するだけあって、外食はもちろんのこと、料理をじゃんじゃかつくって、人をもてなすのも好き。そして、人に食べさせるだけでなく、自分の胃袋をがっちりつかむすべを知っているので、自分のためだけに料理するのも大好き。おいしいものが生まれる台所で過ごす時間が、とにかく楽しいのだといいます。自著『食いしん坊な台所』（河出文庫）では、「家全体が台所だったらいいのになぁ」と妄想してしまうほど台所が好きだ、と明かしていました。

「家にいる時間の大半は台所にいます。朝起きてまず台所に行き、寝る直前も台所に寄ってしまう。プライベートのごはんもつくるし、ここで仕事のための料理もする。パソコンに向かうときは別ですが、原稿を書いていても気がつくとすぐ台所に立っている気がします。なんなら、つまみをつくりながら、そのまま、台所で飲んでしまうことも多いです」

レシピ本をつくる編集者を経《へ》て、今ではツレヅレハナコの名前で食にまつわるさまざまなテーマの本を書いているだけあって、ハナコさんの「台所愛」は、並々ならないもの。過去に住んだどの住まいにおいても台所は大切な場所でしたが、家を建てる前に住んでいた賃貸マンションの台所への愛は、さらに格別に深かったようです。

そのマンションには住んだのは、ちょうど4年間。築30年以上のちょっと古めの物件で、導入されていたシステムキッチンもおそらく建築当時からのもの。引き出し式収納、食洗機や生ごみディスポーザーといった新しい設備はなく、最近は多くの家で採用されているアイランドや対面式の明るいキッチンでもありません。3・5畳ほどのL字型のクローズドキッチンで、小さな窓がひとつあるだけ。なんなら、「暗くて狭くて閉塞感があるから、リフォームしたい！」なんて声が聞こえてきそうなほど、今どき感のない台所でした。でも、ハナコさんはベタ惚《ぼ》れ。この台所を使い続けたいあまり、ひとり暮らしになってからも引っ越す気になれず、高額な家賃を払い続けようと思っていたほどです。

「狭さがほどよくて。ほぼ動くことなく、調理道具にパッと手が届き、ちょっと振り返れば食器もさっと取り出せる。シンクとコンロの位置関係や距離感も絶妙で、作業効率がとてもよかったんです。吊り戸棚の収納もたっぷり。廊下側と、ダイニング側とに2つ扉があって、回遊できる動線だったのも好きでした」

料理本や雑誌の撮影用に料理をつくっているとき、ほどよくこもっていられるのもお気に入りポイントだったそう。撮影のときは、編集者やライターが横や後ろに立って、あれやこれや質問を投げかけてくる状況になりがち。でもここは、人が入り込みにくい狭い台所だったことが功を奏し、料理に集中できたからというのがその理由です。狭いゆえのコックピット感も心地よく、つまみをつくりながら飲み始めるだけに飽き足らず、折り畳みのスツールを持ち込んで、コンロの前で一人焼肉をしてしまうことさえあったそうです。

なにより、サイド光のもたらす、料理の風景がたまらなかった!

というわけで、かつての台所への愛はとどまるところを知らないほどに、長所をいっぱい感じていたわけですが、なによりもの偏愛ポイントは、「光」でした。クローズドのキッチンなので、扉を閉めれば四方を壁に囲まれた暗い空間。でも、コンロのすぐ横に小さな窓があり、そこから射し込む光が、ハナコさんいわくサイコー!だったのです。

「朝起きて、ちょっと暗い中、鍋にお湯をわかすじゃないですか。この窓から射し込む光の中で、ぼんやりと湯がわいていくのを見ていると、ただの湯なのにめちゃくちゃきれい!って、いつも思っていて。ゆらめく湯気とか、照り返る水面とか……。私が大好きな目玉焼きなんて焼いたら、もう最高においしそうに見えるんですよ。なんなら、寝起きのパジャマのままだったりするんですが、『今がいちばんきれいな瞬間だな』と、朝から思えるのって、すごくぜいたく。感動的な時間です。そんなものが家の中にあるって、幸せだし豊かだなと思います」

お皿に盛り付けたときより、料理中の鍋の中のほうがきれいで、よりおいしそうだと思うことがよくあるというハナコさん。それは料理をつくっている人だけが見られる特権。そんな、ただでさえ美しいものを、さらに神々しく見せてくれていた光。その光の中で、毎日料理がしたい。毎朝、そのきれいな風景を見ていたい。

だからこそ、ハナコさんは物件探しのときに、いつもいつも、「サイド光」が台所に入るかを真っ先に気にしていたのでした。全体を明るく照らす広い窓からの光ではなく、サイドから射し込む、陰影を感じさせる光（＝サイド光）の入る台所を、なんとしても手に入れたい。マンションでは、その理想のサイド光を取り入れられる物件をどうしても見つけることができず、ついには土地を購入し、家を建ててしまった。ハナコさんが女ひとりで家を建てることにした本当の理由は、「サイド光」にあったとさえ、いえるのかもしれません。

「サイド光の中で、料理を『きれいだ』と思う。毎朝、その幸せな一瞬を味わうために、家を建てることにしたんだと思います」

間取りづくりは、もちろん、台所からスタート

「サイド光、サイド光」と、ずっとハナコさんに言われ続けていたのが、建築家の坪谷さん。マンション探しのときから、いや、その前から聞いている言葉ですから、当然、サイド光が美しく入る場所に台所を配置するところから、設計は始まりました。というより、ハナコさんが物件や土地を見に行くのにほぼ同行していたので、どこに台所を配置すればハナコさんのいうサイド光が入るのかを、すべてのマンションと土地で、その都度、考え続けていたわけです。つまり、この土地に決まる前段階で、すでにどこに台所を配置するかを決めていたともいえます。

「サイド光を感じるためには、暗さも大事。ただ明るい台所ではダメでした。ハナコさんが最終的に購入を決めた土地なら、場所はおのずと一箇所。家の正面から見ると一番奥、2階の北側に台所を配置するプランです」と坪谷さん。

「わざわざ北側の奥に台所⁉」と、その選択に、驚く人は多いのではないでしょうか？　マンションでも一戸建てでも、現在、新しく建てられるものの場合、可能な限り台所は明るいところ、かつ家の中心に配置しようとするのがトレンド。さまざまな制約上、北側に配置せざるをえないということは当然あっても、真っ先に好んで台所を北側に配置したという話は、あまり聞きません。ハナコさんが購入したのは、間口が狭く奥行きが深い土地なだけになおさら、いちばん奥と

コンロ横の窓から射し込む光を求めて、家を建てることに決めた。ただ全体に明るい台所にするのではなく、暗い部分もできるように設計したので、神々しい陰影が生まれる。

いうのは驚きです。

「教会の中に射し込む光の神々しさは、中が暗いからこそ感じられますよね。私のいうサイド光は、暗さとのコントラストがあってこそ生きる光。いくらコンロの横から光が入ってきていても、空間全体が明るかったら、私の理想とするサイド光の神々しさは感じられないと思うんです」

というわけで、台所の位置が決まり、必然的に同じ階にリビングダイニングを配置することも決まり、そのほかに必要となる寝室、書斎、水回りを1階に、と割りふりが決まっていきました。家全部が台所でもいいと思っているハナコさんですから、2階の半分が念願の台所というプランをすぐに了承。自分の好きなこと、大切にしたいことをさんざん坪谷さんに話していたかいもあって、最初に提案された間取りで、しっくりきたのだそう。この間取りはローンを申請するため、土地が決まって数週間後に出された仮のものでしたが、その後も大きな変更もなく進んでいったのだそう。ひとり暮らしということもあり、反対意見をいう人も、まったく別の要望を出す人もいないので、間取り決めは順調で、自分の心も迷いなし。坪谷さんとしては、その後、階段の向きを変える、1階の土間にカウンターを設置するなど、変更はいろいろあったそうですが、ハナコさんにとっては、それは大きなことではありません。あくまでも最初のプランで駆け抜けたというイメージです。

家を建てるとなったら、間取りを比較検討したくなり、あれもこれもと何パターンものプランを出してもらったという経験を持つ人も多いかもしれません。南側に台所を配置した場合の間取りなども見てみたくなりそうですが、ハナコさんは、そのあたりはきっぱり。「自分の要望がしっかり取り入れられているから満足。ほかが見たいとは思いませんでした」。

実は、この間取りを見た、友人である料理研究家たちに、「え〜、こんなにリビングと台所が離れているの？　遠すぎるよ！　ぜったいにダメだよ」といっせいにアドバイスされたことがありました。仕事のスタッフたちが集まって撮影をする場所になる明るいリビングは、同じフロアとはいえ確かに台所からはだいぶ離れている間取りです。でも、そのアドバイスは完全にスルー。自分にとって大切なのは、サイド光をしっかりとらえられる、暗さを合わせもった台所。こだわりたいところだから、アドバイスをものともせず、自分の希望を貫きます。撮影には少々不具合が出たとしても、毎朝毎朝、サイド光を感じながら、お湯をわかしたり、目玉焼きを焼いたりするほうがハナコさんにとっては重要。その優先順位は、1ミリもゆらぐことはありませんでした。

サイド光の次なるこだわりは、ステンレスの厚みだった！

ハナコさんの賃貸時代の台所に話を一旦、戻します。当時、偏愛していた台所に設置されていたシステムキッチンは、マンションが建てられた当時から使われていたと思われるものでした。引き出し式収納が主流になる前の、開き戸の収納が付いた古いタイプ。飾りけのあるデザインは施されてはいませんでしたが、バブル時代に建てられたマンションだけあって質実剛健。そのシステムキッチンを、ハナコさんはとても気に入っていました。

「これをそのまま移築したいと思うくらいに好きでした。とくに天板に採用されているステンレスがとてもよかったんです。町の中華料理店などで見かけるペラペラした感じのステンレスではなく、重厚で〝マテリアル（素材）〟を感じさせるような質感。サイド光と同じくらい、そのステンレスの天板を気に入っていました」と振り返ります。

ステンレスに等級があるのか、種類が違うのか、などと漠然と思っていたハナコさん。「こういうステンレスのキッチンにしたい」と旧居の台所を坪谷さんに見せたところ、「これは、ステンレス自体が厚いんですよ」との返答でした。一般的なキッチン天板に使われるステンレスに比べ、旧居の天板に使われているステンレスは厚みが倍くらいあるのでは？と推測できたそうです。

ステンレスの断面を見ているわけではないのに、ステンレスの厚みが質感にかかわり、使っているときの印象が大きく変わってくるなんて想像もしていなかったハナコさん。でも厚みにこだわって選べばよいのだとわかり、ステンレスの質感に目を向けたシステムキッチン選びが始まりました。一般的には、有名なブランドといった憧れからの視点からスタートしたり、各メーカーのホームページやカタログを見比べて絞っていったりするケースが多いでしょうが、ハナコさんのキッチン選びはステンレスの厚みという視点がスタート。どこまでもハナコ流を感じさせます。

そして、坪谷さんが提案したのは、総ステンレスのシステムキッチンでした。「無機質な厨房を目指しているわけではなかったけれど、全部が好きな素材であるステンレスでできているなんて、サイコー！」という気持ちになったハナコさんは、ステンレスキッチンを取り扱うメーカーのショールームへ見学に出かけました。4メーカーを見比べ、最終的に選んだのが、業務用厨房機器に定評のあるタニコー株式会社のものです。「ほかのメーカー品は、デザインが決まりすぎているなどイメージが合わなかったというのもありますが、なによりタニコーのキッチンには、私が求めている『重量のある質感』がありました」。

業務用の厨房機器をアレンジして家庭用をつくっているのではなく、家庭用にふさわしい設計で、一からフルオーダーを受け、引き出しの中まですべてをステンレスでつくっていること、曲げと溶接の技術がとても優れていて、つぎめが少なくて美しいことなどを坪谷さんから聞いたことも決断の後押しになりました。坪谷さんは、最初からタニコーが一押しのメーカーではありましたが、なんとも大きな買い物。「ハナコさんならこれを選ぶだろうと思いつつも、自分だけで決めてしまうのは不安なので、ほかのメーカーも見てもらったうえで選択してもらいました。でも、現物を見たら即断即決で、さすがの決断力でしたね」（坪谷さん）。

過去に見た台所や厨房をヒントに自分にほしい機能を考える

そして、まず取りかかったのが、キッチン自体のプランニング。ここでも、まず旧居の台所を思い浮かべながら、進めていきました。「とにかく使いやすかったので、L字にしたかったんです。一方で、作業台の狭さが気になっていたので、コンロとシンクの間のスペースを広く取り、さらにシンクを大きく&2槽にしたいという要望を加えました。シンクの中を掃除しやすくしたいので、びよ〜んと伸びる水栓もリクエスト」。旧居の台所のよいところは踏襲しつつ、「もっとこうだったらいいのに」という要望を付け加えて、より自分仕様にしていくという考え方です。

参考にしたのは、旧居だけではありません。仕事柄たくさんの台所を見る機会があるので、そこで学んだことも役に立ちました。以前、ハナコさんが取材した和食屋さんの厨房でのこと、和《あ》え物をつくっている弟子に、料理人が「ボウルが小さい」と注意したことがあったそう。それほど小さくもなさそうなボウルを使っていたので理由を問うと、小さいボウルでちまちまつくっていたら動きが小さくなり、料理がおいしくならないとの答えでした。味には直接関係ないと思われるボウルのサイズが料理のでき上がりに影響する。この話がとても心にささっていたハナコさん。キッチンのことを考えるときに、作業台も同じでは？と思い至ったそう。「作業台に余裕があると、心にも作業にも余裕が生まれますし、料理の味にもかかわってくるんじゃないかな。私の家は台所がメインの家なんだから、ぜいたくに余裕をもたせていいんだと考えました」。だから コンロの右側脇の空きスペースの幅も、通常は20センチにすることが多いところ、30センチに。鍋をさっとよけて置ける幅を意識しました。〝台所〟なので、フリースペースとして使える〝台〟を用意することにこだわったのです。「台が埋まっていると料理がしにくいです。いかようにも使えるフリースペースとなる台が多いほうが、料理がスムーズに進むと思っています」。

東北に通っていることもヒントになりました。漁師のお宅の台所を覗くと、シンクの中で魚のうろこをとったり、さばいたりしている様子をよく見かけます。うろこや血が飛び散りにくく、作業が終わったら水で流せばOK。とても合理的だと感じていたので、魚もさばけるような、大きなシンクはぜひとも取り入れたかったもののひとつです。

また、料理家のアイデアも積極的に取り入れました。そのひとつが、キッチンの天板の奥行きを深くすること。「奥に材料を入れたバットを並べても、手前にゆったりまな板が置けたり、鍋を置いても手前で盛り付けができたり。料理家の様子を見ていると、幅を広くするより、奥行きを深くしたほうが使いやすいと感じる場面が多かったんです。敬愛する料理家の有元葉子《ありもとようこ》さんがご自分のキッチンをオーダーするにあたり、『標準的な奥行きより深くした』と、本で読んだことにも影響されました」。

こだわりたい部分は、人と同じじゃないから、自分基準で選ぶ

台所の床には、外周りに使われる、硬いタイルを採用（実際玄関ポーチも同じものを採用）。「これは、トルコで訪ねた台所がヒント。トルコが好きすぎて、何度も通っているのですが、そのつど、ふつうのお母さんたちにお料理を習っています。私がトルコでお邪魔した台所では、床にタイルが使われていることが多く、汚れてもモップでガシガシ掃除している感じが好きだなと思っていたんです。もともとかなりのタイル好きなこともあって、床はタイルに決めました」。

台所の床をタイルにすると言ったら、「ちょっと落としただけで食器が割れるよ」「冬は寒いよ」「目地《めじ》の掃除が大変だよ」「すべるよ〜」などなど、友人たちからいろいろなアドバイスが届いたというハナコさん。「でも、ここに住むのは私だし。私が自分の好きなことを詰め込んで建てる家なので、そこはぶれませんでした」。

タイルは、カタログを見て、サンプルを取り寄せ、並べてみて……。白やグレーのみに選択肢を狭めても、色や質感が微妙に違う。とはいえ、比べれば比べるほど、差がわからないようにも

思えてくる。さらに、小さいサンプルから実際に貼られる様子を想像しなければいけないのも、難しいところです。「想像力も限界があるし、サイズもいろいろで混乱」と、果てしない作業に気が遠くなりながら選んでいきました。「でも、パーツ選びは楽しかった！」。

ちなみに、「食器を落としたら割れる」は、木製のフローリングでも割れるときは割れるから諦める。「寒い」は、床暖房を入れる（台所はいちばん長くいる場所だから、快適であってほしい）。「掃除が大変」は、大判のタイルを選んで目地を減らして掃除の負担も軽減する。「すべる」については、外でも使われる（つまり雨がふるところでも使う）すべりにくいタイルを選択するなど、床をタイルにすることで考えられるデメリットを回避するよう考えました。

そして、シンクを2槽にしたのには、薬味の本を出しているくらい、香味野菜が好きなハナコさんならではの理由がありました。「いつも、香味野菜は水をはったボウルにつけているのですが、そのための場所があるといいと思って」。メインのシンクは、鍋や食材などが出たり入ったりとつねに稼働し、汚れ物も多くなる。それに対して、小さいシンクはきれいな野菜の聖域にしようというわけです。また、ぴったりサイズの洗いかごも用意。ゆえに皿を洗った後の水切り場所としても、もちろん使えます。食洗機は取り入れることにしましたが、海外で買ってきた素朴な土ものの器など、手で洗ったほうがいい食器を多く持っているハナコさんなので、食器洗いを快適にしたいという思いもありました。「2槽シンクは意外にうまく使い分けられない」という

キッチン天板の奥行きは、かなり広めの75cm。奥に食材をずらりと並べ、手前に大きいまな板を置いても、ゆとりをもって作業ができる。結果、大量に料理する宴会や料理撮影の日もスムーズで大正解。

あちこち訪ねたトルコの台所の床がタイルだったことに影響され、タイルを選択。目地の掃除が大変と聞き、60×60cmの大判なものを採用。床暖房を設置して冬も快適に。

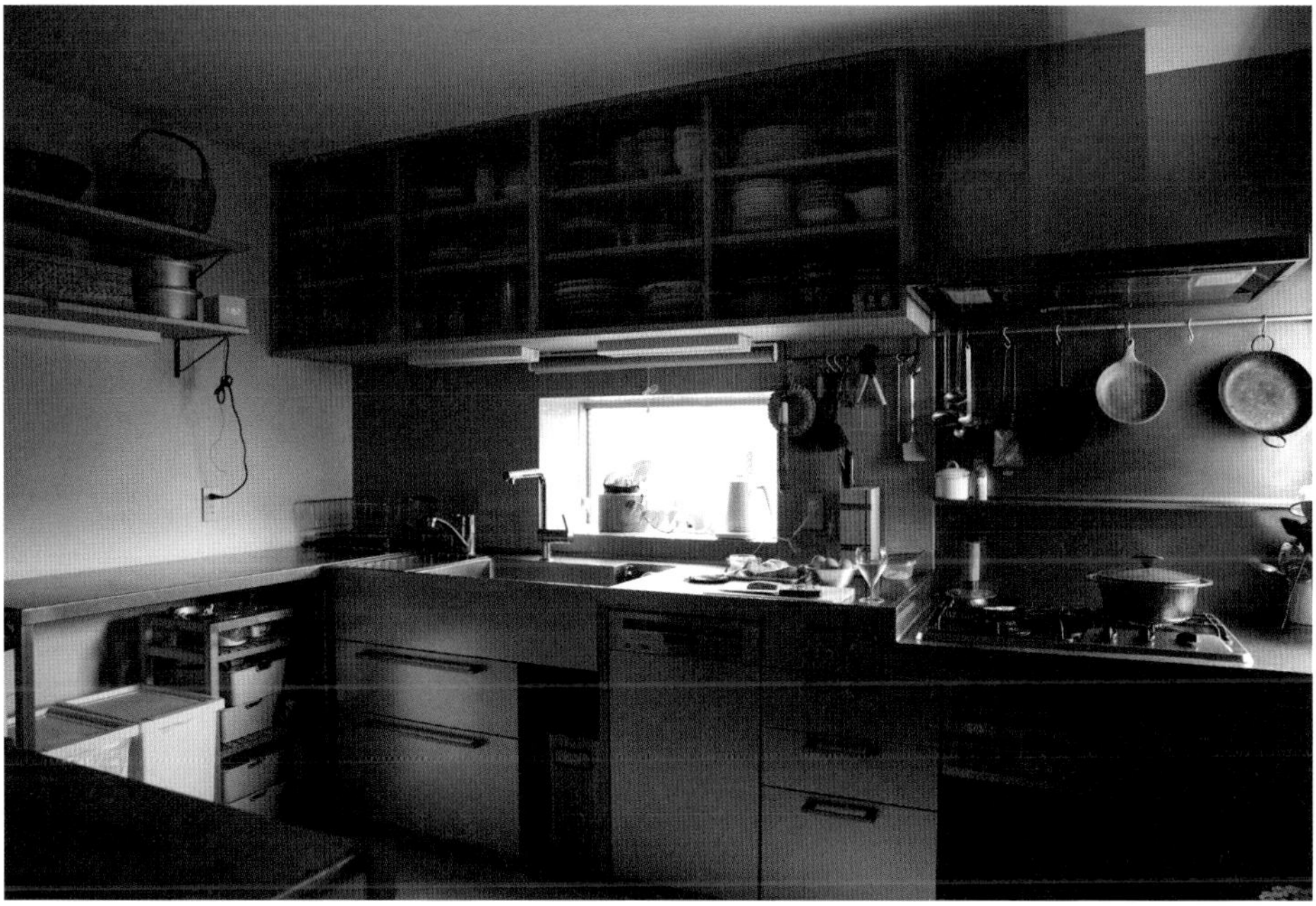

シンクと垂直に作業台を配置。撮影のときはここに食材をずらりと並べ、アシスタントが作業をする。下は収納をつくり込まずにオープンにし、ごみ箱やワゴンを入れて自分仕様に。コンロを5cm低くしたのは、鍋中を上から見やすくするため。

撮影や宴会のときは、小さいシンクに水を張り、ハーブや薬味、青菜などを浸けてパリッとさせている。大きいシンクは汚れものが入ってくるので、わけておいたほうが安心して、気持ちよく使える。

ステンレスの厚みによって、キッチンを使っているときの心持ちが変わる。ハナコ家のキッチン天板に使われているのはかなり厚い1.5mm。厚みは目には見えないのに、キッチン全体から重量感が感じられる。

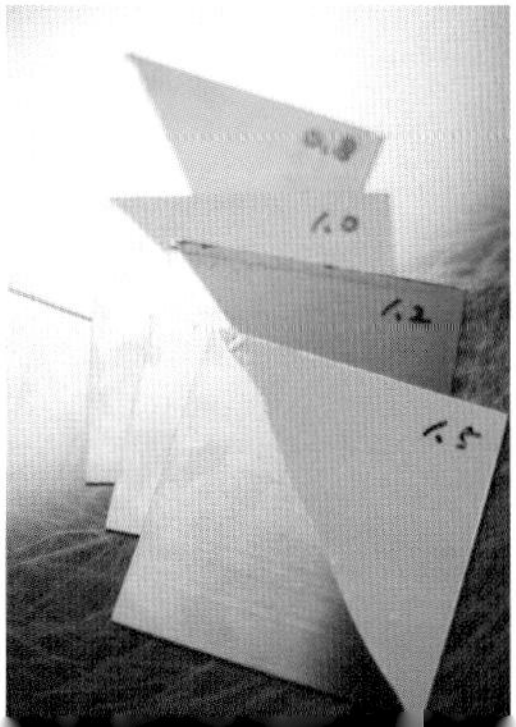

アドバイスをもらったこともありましたが、華麗にスルーして2槽シンクで決定です。

修正なし！のつもりが、一転、変更を繰り返すことに

「実は、最初にタニコーから上がってきたキッチンの設計図面を見たときは、わ〜、全部要望がクリアされていて、これでOKって、即返事をしてしまったんです。坪谷さんから、『理想の台所がほしいってわりには、意外にこだわりないですね』って言われて心外だなと思ったくらいに、あっさりしていました」と笑うハナコさん。最初は、要望通りに設計されていることにすっかり満足してしまい、チェックが十分ではなかったそう。でも、ときが経つにつれ、サイズ感が把握できるようになり、自分がこの台所でどう動くかが見えてきて、「最終的に、キッチンの図面は、第8案まで改訂しました」。

図面を見ながら、自分がここで調理する様子をイメトレしてみると、あとからあとから、気がつくことがありました。いちばん大きい気づきは、コンロとシンクの位置関係。第1案では旧居の台所をベースに考えたので、L字の短いほうにシンクがあり、長いほうの端にコンロがある動線。「冷静になってみたらすごく遠かったんです。前の台所は狭かったからその位置関係でよか

ったけれど、広くなる新居では遠すぎると気づき、シンクの位置を移動しました」。ほかにも「生ごみ用のごみ箱を置くところがない！」「食洗機とシンクの位置が離れている！」などに、どんどん気づいていきました。「まな板を置いて材料を切って、その後コンロへ移動して、盛り付けではこう動いて。片づけるときはこうで」などと、メジャーを見ながら、実際に動いてみながら何度もイメトレ。「やっぱり最初はなにも見えていなかったですね。契約する段階になってハッとして、ようやく本気になったというか。いつもギリギリでスイッチが入るタイプです（笑）」。

タニコーの工場取材をさせてもらったときに、コンロをシンクと同じ高さにすると大きな鍋の中を覗きにくかったり、フライパンをあおりにくかったりすると聞き、コンロ側は5センチ高さを下げることに。また、排水口もタニコーならではのフルステンレスにしました。

最後の変更は、発注後。キッチンの奥行きをさらに5センチ深くしたいとの修正でした。料理家の有元さんが奥行きを70センチにされたと知ったハナコさんは、そのまま同じ奥行きを採用していましたが、よく考えたら有元さんとは身長が20センチくらい違う。その頃には、家の大枠はできていたので、新居の台所になる場所にメジャーをあてて何度も確認し、やっぱりプラス5センチが必要だと、慌てて修正をリクエスト。ステンレス板を裁断する前のギリギリのタイミングで、なんとか間に合いました。

「今でも、なにか見落としがあるんじゃないかと、ひやひやです」とキッチンのでき上がりを待っていた頃のインタビューで語っていたハナコさん。すべてゼロからのオーダーという、人もうらやむ体験をしたわけですが、「自由すぎると、わからなくなるんですよね。全部自分で決められるって、うれしいことだけれど、辛い作業でもありました」。自分はなにがほしいのか、なにをしたいのかを自分に問い続け、これは本当にほしいものなのか、必要なのかと、自分を疑い続ける。実は精神的にとても大変な作業だったそう。

「だから、最大公約数的にみんなが満足するように考えられている既製品はとてもよくできているし、スムーズなんだって納得しました。一から全部選ぶのは、本当に大変。でもせっかく家を建てるんだし、台所は私の大切な場だから、与えられたものに自分を合わせて生きるのは、しゃくだなと思って」。台所は、思い入れの深い場所だからこそ、失敗したくないし、迷いも深くなる。多くのことをきっぱり決断してきたハナコさんですが、さすがに弱音がちょっと飛び出すほど、決断の日々は迷いにあふれていたようです。

最初にタニコーから図面が出てから半年以上が経った2019年末に、ハナコさんの理想のキッチンが、北海道の職人さんたちの手によって完成しました（工場見学については、77ページ参照）。実はハナコさん、8月に取材で訪れた工場見学だけでは飽き足らず、自分のキッチンが実際に製作されているときにも工場へ足を運んだのだとか。北海道へ行くついでがあったとはいえ、決して便が良いとはいえない場所への再訪。並々ならぬ台所への偏愛ぶりが伝わってきます。

台所といえば、収納は、避けては通れない問題

再び、旧居のハナコさんの台所の話です。この台所にお邪魔すると、とにかく道具や食材がぎっしりでした！　木べらだけでも15本以上。スパイスの瓶はちょっとしたタワーのようにコンロ横のコーナーにつみ上がっていて、アジアやアフリカ各地から持ち帰ったアルミの鍋がスチールラックにところ狭しと重なっている。換気扇のまわりには、友人の鍛造作家の手による鉄のフライパンがいくつもぶら下がり、オープンな木製棚には、ちょっと素朴でエスニックな雰囲気満載の器の数々がひしめき合う。さらに見せられない納戸にも、たくさんの道具が収納されていたそう。シンプルばやり、ミニマリストブームなんて、どこ吹く風です。

「正直、こんなに量はいらないと思いますよ。ひとり暮らしですし。でも、大好きな台所道具ばかりだから、持っているだけでうれしいし、使っていると楽しくて、ワクワクするんです！」。やっぱり、ハナコさんの口から飛び出す、楽しい！　ワクワク！という言葉。どの道具も、旅好きなハナコさんが世界&日本各地の道具街や日用品店などから選んできた、思い入れ深いものばかり。ひとつひとつに話を向けると、その道具に出会ったときのストーリーが、どんどん飛び出

します。有名ブランドなど、「評価が定まった、なにか」にはほぼ興味がなく、とにかく自分の目で、自分がいいと思ったものだけを買ってくるので、どれもこれもハナコさんらしさを感じさせる道具立てです。

今回の家づくりで、ぜひともかなえたかった願いのひとつが、この大切な道具たちにしっかり居場所を与え、使いたいときに、さっと取り出せる状態にするということ。「ただ飾りたい、持っていたいというだけでなく、どれも用途があって使っているので、すぐ使えるように収納し、かつ持っていること自体も楽しめるようにしたいと思っていました」。

というわけで、道具をしまい込む、隠す収納ではなく、いわゆる見せる収納がベース。頻繁に使うものは、ほこりや汚れがたまるいとまもないから、手を伸ばせば、すぐに手に取れるオープン収納を基本にしました。「どこになにがあるのかが、すぐわかるから、使うのを忘れないし、すぐに手に取れるのが便利なんです。好きなものをいつも目にできるって、幸せですよね。だから、フライパンや台所道具が吊り下がっている風景が大好きなんですが、見た目だけでなく、さっと道具に手が届くので、実用的でもあります」。

そこで、道具類を並べられるよう、もともと持っていたスチールラックを置く場所を確保。パントリーとの間の壁には、有孔《ゆうこう》ボードを採用し、ひっかけながら見せる収納ができるよう、道具の定位置を設けることにしました。以前は納戸に押し込んでいた梅などを干す用の大きなざる、

赤唐辛子、ローリエ、トルコのドライなすなども、有孔ボードの壁にひっかけ。以前はダイニングの電気スタンドにひっかけていたので、定位置をつくることができ、大満足。

パントリーと、鍋や食器を収納する通路とを仕切る壁を設置。その壁に今までしまい込んでいた道具をひっかけ収納している。有孔ボードなのでフックは気軽に増減可能。

鍋はオープン収納が使いやすいので、以前から使っていたスチールシェルフに。どれもまんべんなく、頻繁に使うこともあり、ほこりは気にならないそう。ふたは、ケースに立てて取り出しやすく。

韓国で購入してきた銅羅《どら》、麺《めん》を引き上げるためのざる、タイのお櫃《ひつ》であるかご、スタンドライトにひっかけておくしかなかった、トルコのドライ野菜などをここにひっかけます。

一方で、なんでもかんでも「見せる収納」にすると、問題点もあるということは、旧居の台所で経験済み。道具と違って、器は数をたくさん持っていると、それぞれの使用頻度はどうしても少なくなり、オープン収納ではほこりがたまりがちでした。また、スパイス瓶をすべてコンロ脇のスペースに並べる収納は、使いやすさとしては申し分ないものの、油が飛ぶ場所なので、頻繁に使っていても、きれいな状態を保つのは難しい。「器やスパイスがずらっと並ぶ風景は、好きだったんですが……」。

というわけで、使い勝手と見た目の楽しさだけでなく、メンテナンスのしやすさとのバランスも考えました。まず、食器は引き戸がついた吊り戸棚に収納することに。雑誌で見かけた、キッチンの上のオープンな吊り戸棚にあこがれて設置することに決めたものの、ほこりはできる限り防ぎたいので、棚の中が見える透明のアクリル製引き戸を付ける案を採用。合わせてもうひとつ、ガラスの引き戸が付いた食器棚を探すことにし、あらかじめ置く場所も確保しました。食器がずらっと並ぶワクワク感はキープしたまま、実用面の問題もクリアするという折衷案《せっちゅうあん》です。大好きな台所道具たちに、見せる収納ができるような定位置をつくったぶん、スパイスは実用を重視し、コンロに近い引き出しのひとつを専用スペースに。引き出しを上から見渡せば、必要なものにパッと手が届く便利さで、でも油はねを気にする必要のない状況をつくることができました。

自分に収納を最適化させることで、収納力をアップさせる

雑誌をはじめとして、さまざまな媒体で料理レシピを紹介することの多いハナコさん。自宅で撮影することも多いので、食材のストックや食まわりの消耗品の量は、一般の人の比ではありません。ときどき開催することのあるイベントのときだけに必要なものなど、かさばるものも多数あります。以前の家では、個室のひとつをつぶして納戸にしていましたが、台所からは遠いうえ、収納のための部屋ではないので、決して使い勝手のいい状態ではありませんでした。ただ、ものをつっこんでいる状態だったので、すでに買ってあるものを二重買いしてしまったり、持っていることを忘れて使いそびれ、死蔵品をたくさん生んでしまったり。そこで今回は、いつでもさっと、ものにアクセスでき、つねにストック品が目の端に入るように、台所のそばにパントリーをつくることにしました。メインの冷蔵庫とは別に、ストック用の冷蔵庫も設置するので、ここも台所の一部ともいえる場所です。

台所道具や食器などと違って、「見てワクワクしたい！」ものではないので、限られたスペー

スに、たくさん、使いやすく収納することを優先。壁全体を収納にしようという計画ですが、間取りの都合上、奥行きが深めです。そこで、坪谷さんが提案したのが、医薬会社の薬品整理棚にヒントを得た木製のワゴン。手前によく出し入れするものを収納し、奥のものはワゴンを引き出して取り出します。坪谷さんがデザインし、大工さんにつくってもらいました。

旧居では個室ひとつがまるまる納戸扱いだったので、スペース的にはそれよりは狭くなりましたが、自分に必要な収納を最適な場所に、最適な量でつくることができるので、ものはしっかり収まりつつ、ぐっと使いやすくなります。4人家族など、「一般的」とされる住人のためにつくられた家ではなく、ハナコさんのためだけの家であり、収納。一からの、自分ひとりのためだけの、家づくりをした大きなメリットといえそうです。

「実は、家を建てると決めてすぐの頃（竣工の1年以上前）、鎌倉の古道具屋さんで、給食の配膳に使われていた、大きなアルマイト製のケースを見つけたんです。質感が好みでかわいいから、ぜったい新居で使いたい！と思って、4個も買ってしまいました。それをパントリーの収納に使いたいので、ケースのサイズに合わせてワゴンは設計してもらいました」と、ハナコさん。1案目の間取りが出るか出ないかのタイミングで、設計にも影響を与えてしまいそうなものを買ってしまったハナコさん。こんなエピソードを聞くと、〝好き〟なディテールからも、台所づくりをワクワク楽しんでいたことが伝わってきます。

シンクの上には、大工さんの造作で食器棚を設置してもらった。大好きで集めている食器はいつも見ていたいけれど、ほこりが気になるのでアクリル板を引き戸にしている。

台所の通路側からパントリーを覗いたところ。閉塞感を避け、窓を付けた。棚は給食用のケースに合わせて設計。キャスターを付けたので、奥のものは棚を引き出して取り出す形式。

新居にて振り返る③　「自分の理想の台所とは?」

理想の台所を作りたくて、家ごと建ててしまった。そう言ってしまえるくらい、私にとって台所は重要な場所です。料理撮影に欠かせない仕事場でもあるし、プライベートでも一番長い時間を過ごす場所。もしかして、台所があればほかの部屋はいらなかったのでは？　そんな疑惑が生まれるくらい、ほとんど台所にいます。

そもそも前に住んでいた賃貸の家を引っ越したくなかったのも、その家の台所が大好きだったから。「リノベーションすれば、この台所を再現できる」と聞き、賃貸をやめて中古マンションを買うことを決意したほどでした。結果的には再現どころか、「好きだった要素は踏襲して、使いづらかったところは改善する」というベストな形に。自由なぶん、改めて「自分の理想の台所とは？」というテーマと向き合うことなりました。

周りに指摘されて気づいたひとつとしては、マテリアルをかなり重要視していたこと。ステンレス、鉄、真鍮《しんちゅう》、アルミ、アクリル、もちろん木材……、「ここにはこの材質を使ってほしい」という希望が先でデザインはあとまわし。自分にとっては自然なことだったけれど、なかなか特殊な選び方だったようです。ちなみに私のライフワークは調理器具を集めることですが、よく考えたら好んでセレクトする材質がまったく同じ！　それに気づいて後からひとりで笑ってしまいました。

台所に関しては、ほぼすべてを自分で決めましたが、迷いはほとんどありませんでした。なぜなら、自分が望む台所の姿が、もう頭の中に明確にあったから。それを形にしていくことは本当に幸せな作業で、正直プレッシャーや不安はほとんど感じていなかったと思います。

もちろん機能の不明点や値段の違いの理由など、わからないことも随時出てくるもの。そんなときは、専門家たちに囲まれていたので遠慮なく質問。疑問を解決したら、「好きだな」「これに囲まれて過ごしたいな」と思うものだけをセレクトしていきました。

ＳＮＳ時代ということもあり、私が家づくりの過程をアップすると、友人知人はもちろん面識のない方からも意見やアドバイスのコメントをいただきます。家を建てた方からのことが多いのですが、やはりご自身が体験されたことを伝えたいと思うんでしょうね。本当にありがたいことです。とはいえ、「なるほど」と思ったことは取り入れましたが、実はそれほど気にせず進めたことがほとんどでした。

なぜなら、この家は誰のためでもない私のための家。自分に問いかけて納得したなら、それでいいじゃない。あとで後悔したって誰も責任はとってくれないのです。そんな風に、あくま

でも「自分が納得できること」だけを突き詰めて家づくりは進みました。

ハナコさんの家づくりの中でいちばんプライオリティーが高かったのは、台所です。賃貸時代に住んでいた台所が好きすぎたので、お気に入りの部分は、ぜひとも新居でも踏襲したいと思っていました。なかでもキッチン本体に使うステンレスの質感は、なんとしてもゆずれないポイントのひとつでした。

旧居の台所を見て、ステンレスの厚さにその質感の秘密があると気づいた建築家の坪谷さん。新居には、オールステンレスのオーダーキッチンを提案しました。早速、いくつかのショールームに出向いたハナコさんは、タニコーを採用することを即決。その頃には、この本の制作も決まっていたので、ハナコ家の心臓部にあたるキッチンが製作される工場で、オーダーキッチンができるまでの工程を、取材させていただくことになりました。台所の設計を、詳細まで決める前段階の時期、竣工の７カ月前（２０１９年８月）のことでした。

＊＊＊

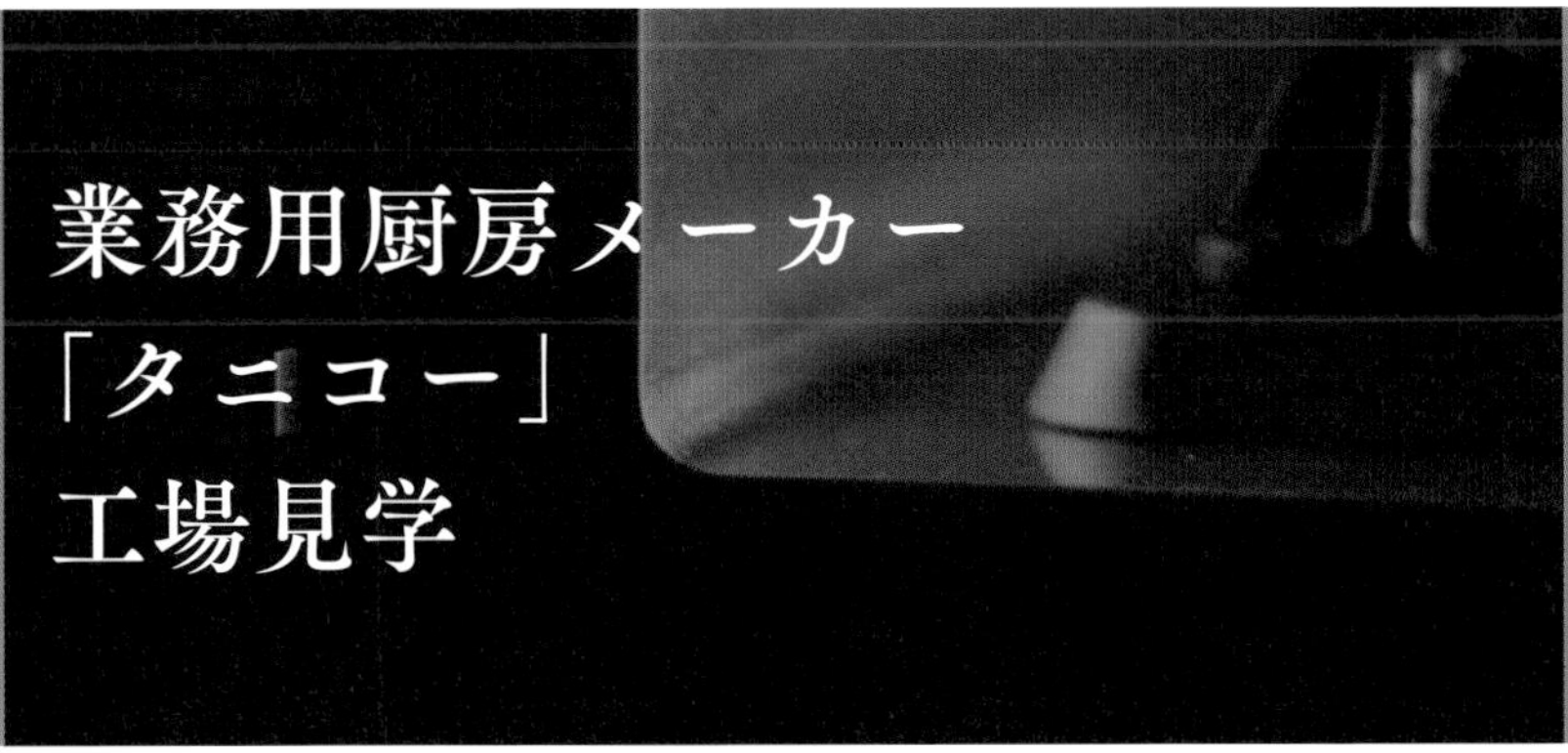

業務用厨房メーカー「タニコー」工場見学

タニコー株式会社は、飲食業に関わる人なら、知らない人はいないであろうほど納入実績のある業務用の厨房機器メーカー。それくらい厨房機器に付いている「tanico」のマークは、日本のレストラン、カフェ、ホテルの厨房でおなじみです。また、学校給食、病院、福祉施設の厨房などでも多く採用されています。

定評があるのが、業務用厨房機器の主要材であるステンレスの加工技術の高さです。また、全製作物の中で、既製品の割合はたった3割で、残り7割はオーダーメイド品。つまり個々の要望に細やかに対応するノウハウが蓄積されているということ。その技術やノウハウは、業務用だけでなく、一般家庭用のフルオーダーのキッチンにも活かされています。

＊＊＊

ハナコさんと建築家の坪谷さんが向かったのは、北海道の岩見沢市にある工場。タニコーの工場は、福島県、神奈川県などにもありますが、家庭用のオーダーキッチンを製作しているのは、ここ岩見沢工場です。2000坪の広い敷地に建つ、3棟の建物。そのうちの2棟で、フルオーダー品がつくられています。

＊＊＊

フルオーダーキッチンは、大きく分けて、以下の8工程で製作されます。

重いステンレスの1枚板を、シャーリング切断用のマシンにのせるところ。

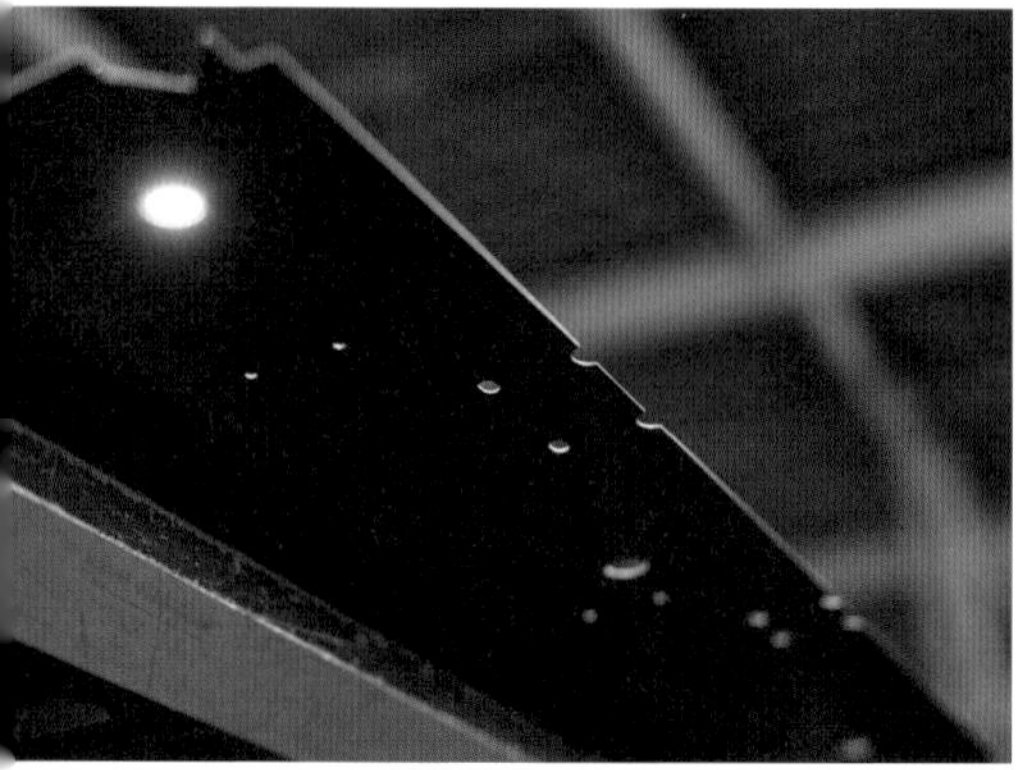

パンチプレスマシンで、切り込みやユニットを接合するための穴加工を施す。

［1］図面

建築家から送られてきたキッチン図面を、実際に製作するための詳細な図面に起こす

［2］展開

設計図面を展開して、必要なパーツを割り出し、どの厚みのステンレス板を、どういうサイズや形

に切り出す必要があるのかに落とし込む

【3】シャーリング切断

シャーリングマシンに1枚ずつステンレス板をセットし、展開図のサイズ通りに切断する

【4】NC加工（タレットパンチプレス）

切断したステンレス板をパンチプレスマシンにセットし、設備機器を設置したりユニット同士を接合したりするときに必要となる穴を空け、切り込み加工を施す（加工条件によってはレーザー切断による加工も）

【5】Vカット・絞り・折り曲げ加工

ステンレス板を折り曲げるため

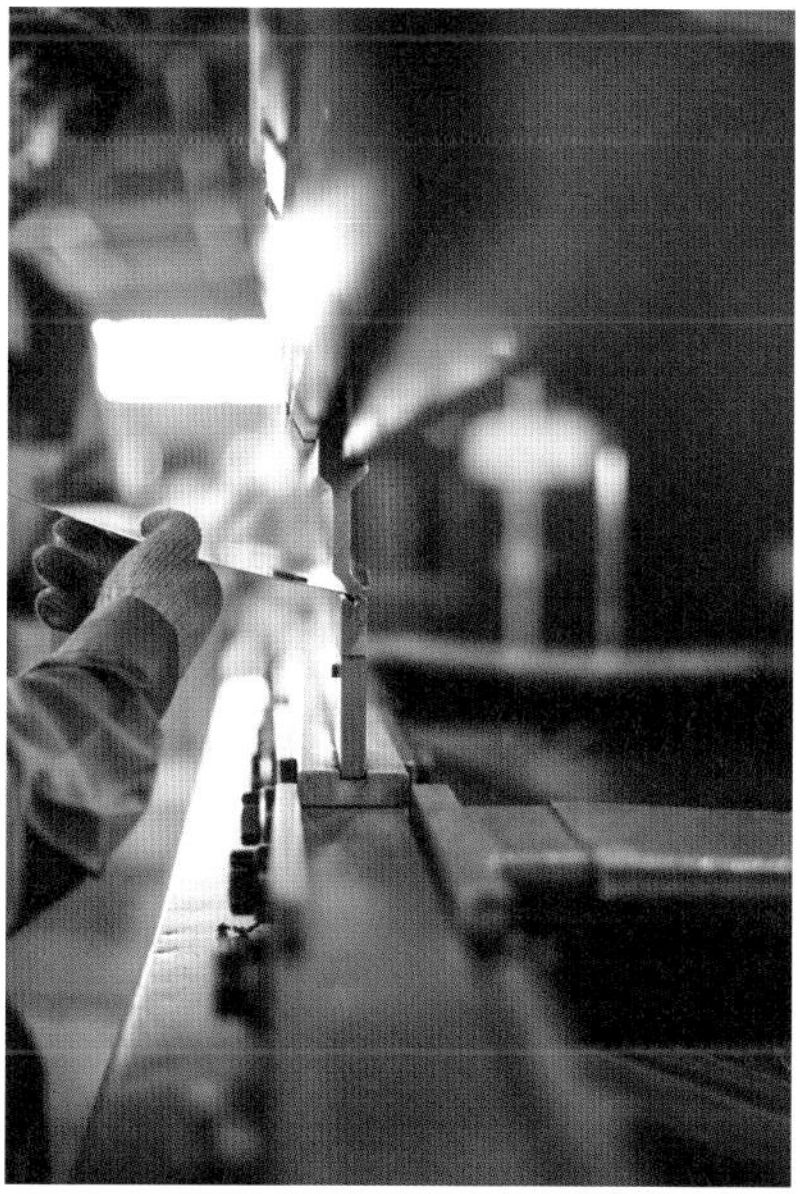

圧力をかけて、ステンレス板を折り曲げる。エッジがシャープに仕上がるのはタニコーの技術。

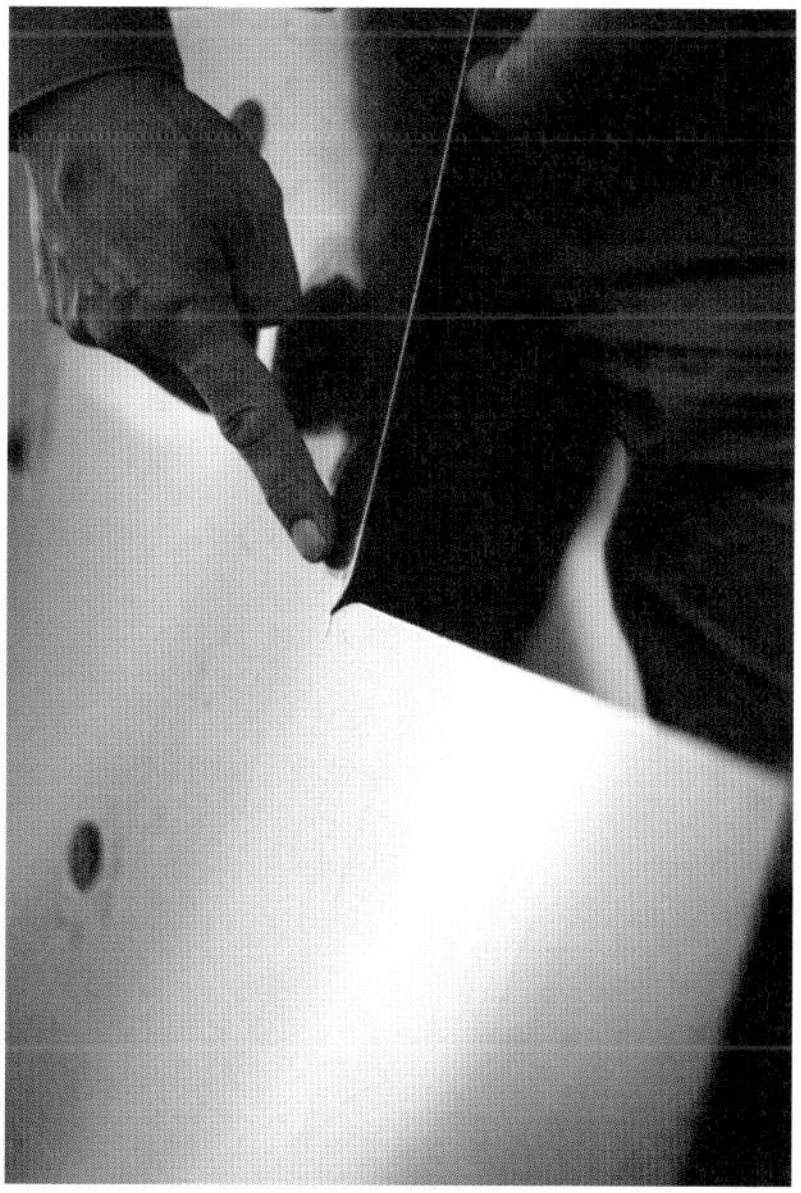

折り曲げるための切り込みを入れている。ペーパークラフトと同じ原理でここを曲げて立体化。

にV字の溝カットを施し、圧力（最大で30トン）をかけて折り曲げる

［6］溶接加工

各パーツをでき上がりの形になるように組み立て、溶接する。溶接した部分を叩いて成形し、ふたたび溶接することを繰り返す

［7］研磨加工

溶接をした部分を研磨して、なめらかにする。さらに、オーダーに合わせて全面にバイブレーションや、ヘアラインなどの仕上げ加工を施す

［8］組み立て・検品

キッチンの完成状態に組み上げ、さらに細かい仕上げ研磨を施し、納品できる状態にしたうえで、検品する

＊＊＊

製造工程を追う順番で、見学開始です。まずは大きなステンレス板を切断する工程。ハナコさんが驚いたのが、ひとつのキッチンに必要なパーツの多さです。図面か

板を折り曲げたのち、溶接して箱型に仕上げていく。サイズが違うオーダーメイドなので、すべて手作業。

ら展開されて、必要な板がリスト化されているのですが、ハナコさん宅のキッチンで120〜130パーツに分けられているとのこと。引き出しの細かいところまで、すべてステンレスで製作するキッチンだからこその多さなのです。

一般的なキッチンの天板に使われるステンレス板は、厚さ0・6〜0・8ミリといわれますが、タニコーの天板には、厚さ1・5ミリ以上のステンレス板が使われます。この厚みによって、ハナコさんの求める「重量のある質感」を感じさせる天板となるわけです。

厚みがある分、折り曲げなどの加工は大変になり、繊細な技術がより必要になります。当然、重くもなるので、労力も必然的にアップ。大きなステンレス板を1枚、

研磨し、ハナコさんが選択したバイブレーション仕上げを施している途中。ほかには鏡面仕上げ、ヘアライン仕上げがある。

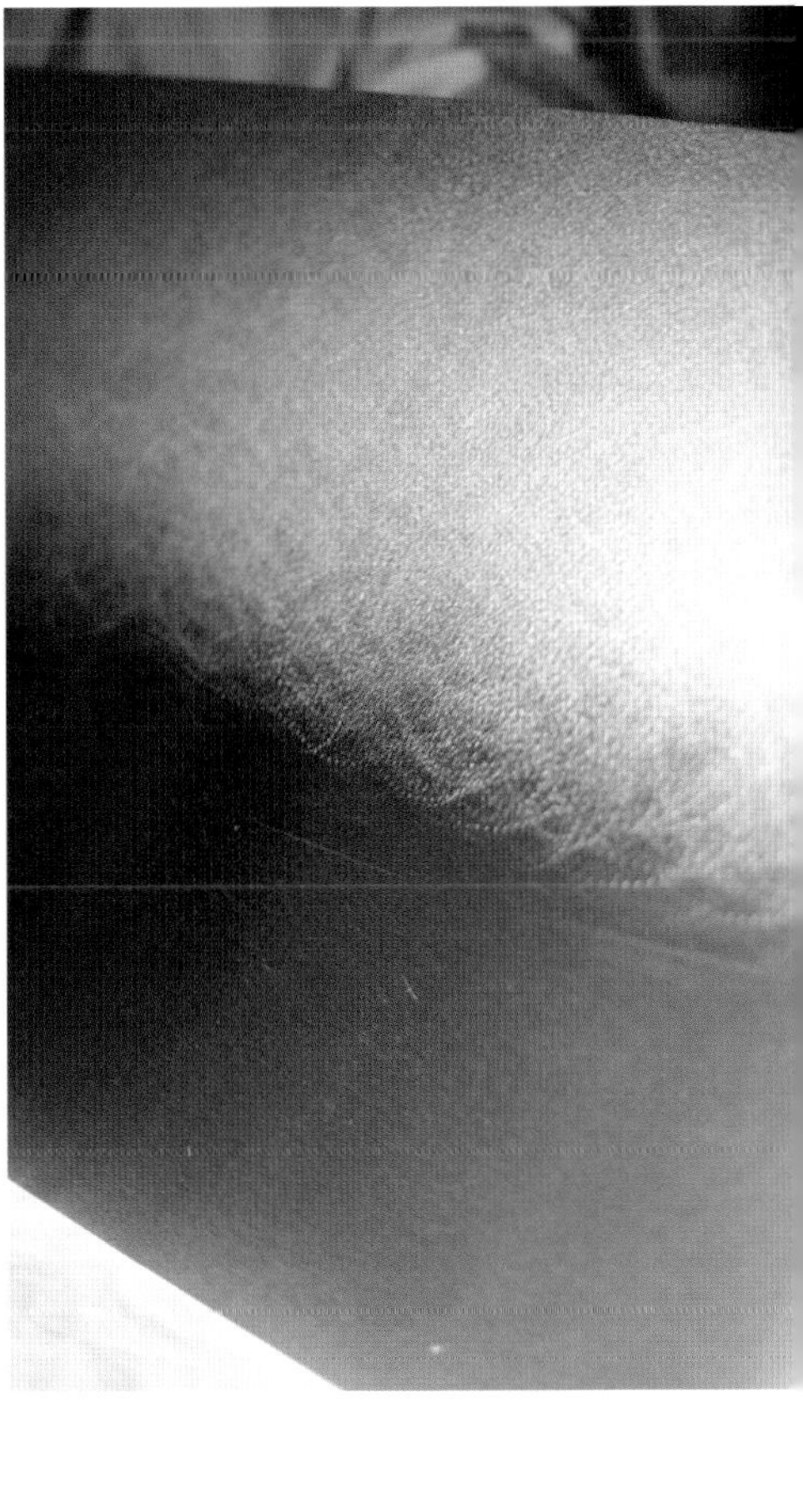

切断用のマシンに移動させるだけでも重労働で、体力仕事だということも伝わってきます。

板をマシンにのせたら、コンピュータにサイズを入力。そのとき職人さんが、さっと取り出したのは、なんとメジャーです。ミリ単位での切り出しであり、コンピュータで制御されているにもかかわらず、最後はメジャーによる目視

が重要なのです。「そこが職人の腕の見せどころ」と、工場長の山《やま》森博和《もりひろかず》さん。1ミリでもずれたら切り直すのだそう。

　次は穴あけや、細部の切り込み加工です。タニコーのオーダーキッチンはすべて一から要望通りのサイズ、デザインでつくれる完全にオンリーワンのもの。あたりま

レーザーで酸化皮膜をはいで、文字やマークを付けることも可能。例として、その場で名前を刻んでくれたプレート。

ステンレス板は、厚さ別、大きさ別に保存されている。1枚1枚かなり重いので、なかなかの重労働なのだそう。

えですが、同じものを大量に生産するわけではないので、「●●邸」と書かれた指示書を見ながら、職人さんが1枚ずつ加工していきます。機械自体は大きく、一部は、コンピュータでも制御されているものの、すべて人の目と手で、細かに確認しながら進められている様子に、ハナコさんもびっくり。

　ステンレス板に圧力をかけ、折り曲げ加工をする過程では、2人の職人が息を合わせながら作業。タニコーは、この曲げの技術に定評があり、このおかげで溶接は必要最小限にできるのです。曲げた角度の確認作業のおともは、なんと分度器です。最終的には人間の目がいちばん精巧ということ。とにかく人が頼りなのです。

「なんともローテク！　もっと、

いわゆる工業的な流れ作業で製造されていくのかと思っていましたが、超・手作業！　職人技という言葉がぴったりの、細やかな作業の積み重ねなんですね」と、ここでも驚きを隠せません。

展開図通りに切断され、穴あけ、折り曲げ加工などが終わったステンレス板を、次の工程では、ひとつひとつ溶接して接続。少しずつシンクの形や、引き出しの箱の形などができ上がっていきます。

「ペーパークラフトと同じ原理なんですね」とハナコさん。ペーパークラフトのようにまず、ステンレス板を必要なサイズと形に切ってから組み上げる。わかりやすいたとえに落としながら、どうやってキッチンがつくられているのかを理解していったハナコさんなのでした。

北海道の岩見沢市にあるタニコーの工場で、オーダーメイドのキッチンに関わっているメンバー。ひとり何役もこなす職人集団。女性も活躍中。

＊＊＊

ひとりが延々と同じ作業をするわけではなく、いくつもの工程を同じ人が作業していくことも印象的です。つまり、ひとつの作品を数人ほどで工程を分け合い、協力して完成させるような体制。職人さんは歯車になってキッチンをつくっているわけではないのです。

「ひとりが多くの工程に携わって手をかけて仕上げていくから、製作物に対しての責任感も強くなるんですよ。ハイテクではないけれど、こだわりのローテクのかたまりによって、タニコーのキッチンはでき上がっていくんです」と、語ってくれた山森さん。

「一からオーダーということは、同じものがひとつとしてなく、すべて仕様が違うということ。オートメーション化は不可能だから、頼りになるのは、人の手や、経験に基づいた感覚なんですね。フルオーダーって、こういうことなんだと、本当によく理解できました。私の台所も、みなさんが、『ツレヅレハナコ邸』って書かれた仕様書を見ながら、職人的につくってくださるんですね」と、ハナコさんもしみじみ感じ入っている様子です。

＊＊＊

　器であれ、台所道具であれ、「人の手の跡」を感じるものが好きで、ものづくりのストーリーに惹かれるというハナコさん。一見しただけでは、いかにも工業製品と思わせる風貌なのに、手仕事の粋《すい》がたくさん詰まっているタニコーのキッチン。職人さんたちが手がける「作品」のようなもので、まさに「人の手の跡」を感じる製品だったのです。

　最後に、工場横に設置されているモデルキッチンを見ながら、引き出しの底までオールステンレスであることの美しさに改めて感嘆。ステンレスの厚みがもたらす重量のある質感を求め、タニコーに依頼するという決断が間違っていなかったことを実感したそう。

「タニコーには、セミオーダーでつくるキッチンもあるけれど、ゼロから自分の希望につき合ってもらえるほうが、おもしろそうだと思って、フルオーダーを決めたんです」

　やっぱりハナコさんのセレクト基準は、おもしろそうかどうか。ますます、キッチンのでき上がりが楽しみになった工場見学となりました。

＊＊＊

　最近は、スーパーなどでも「つくり手の顔が見える野菜」が販売されていますが、ハナコさんの新居には、「つくり手の顔が見えるキッチン」があります。この「手づくり」されたタニコーのキッチンは、これから何年も何十年も、ハナコさんが料理をつくり続ける場になるのです。

4章

台所以外にも、ハナコ流のストーリーが満載

広いリビングはゆずれないから、小さな住宅が体育館のような工法に！

台所に多くの情熱を注ぎ込んだわけですが、当然ハナコ家にはほかのスペースもあります。まずは、リビングダイニングの話からスタートしましょう。大勢の友人を集めてホームパーティをすることの多いハナコさんなので、やっぱり重要な場所です。「私は『ホムパ』って呼んでいるんですが、多いときは月に2〜3回は開催しているかも」。そんな風に気軽にホムパを楽しむためのレシピや、その楽しみ方を綴《つづ》った『ツレヅレハナコのホムパにおいでよ！』（小学館）を上梓しているほどですから、ホムパ愛も、台所愛に匹敵するといっていいかもしれません。

ホムパの舞台になる場所なので、できる限り、どーんと広くというのが、ハナコさんの要望。旧居を見てもらいながら、最低、この広さはほしいと坪谷さんにきっぱり伝えていました。8人がけのダイニングテーブルを置いていたのですが、そのくらい大きなテーブルを置いてもゆとりのある広さ、つまり14畳くらいはマストと考えていました。

2階の半分が台所なので、残りの半分をリビングにしようと考えたのは必然です。一戸建ては一から間取りを考えられるので、そんな希望は自由自在にかなうだろうとなんとなく想像してしまいますが、耐震面を考慮すると、木造住宅においては仕切りのない広い空間をつくることは意外に簡単なことではありません。ハナコさん宅も実際に構造計算を行ってみると、当初の設計のままでは耐震性に欠けるという結果が出てしまいました。通常の柱や梁《はり》だけでは不十分なので、横方向からかかる力に耐えられる「耐力壁」をバランスよく配置するなど、なにかしらの対応をとる必要があります。

「さえぎるもののない広いリビングがほしいというのは、マンション探しのときからハナコさんに聞いていたので、ダメだろうと思いつつ、リビングの外周壁に対して垂直に耐力壁を入れる提案もしてみました（部屋の真ん中あたりに袖壁《そでかべ》があるようなイメージ）」と坪谷さんは振り返ります。

耐力壁を入れても、リビングの広さ自体は大きくは変わりません。でも、視界を邪魔するうえ、家具の配置や動線に制約が出てきてしまうので、ハナコさんの答えは、やはり「ＮＯ」。ぜったいに避けてほしいとの返事でした。

さらに強度の出る鉄骨を使うことも考えましたが、それだけで予算が４００万円もアップ！　この案の採用もできません。そこで坪谷さんは構造計算を依頼している専門家・名和《なわ》研二《けんじ》さんと話し合い、特殊な工法を取り入れることを決めます。「今回くらいの規模の家にはあまり採用しない、体育館などの広い空間をつくるときの工法です。扁平型の太い柱と梁をアーチのように連ならせて、家を支えることにしました」（坪谷さん）。

ハナコさんはこの提案を聞き、「柱の出っ張りは増えてしまうけれど、柱と柱の間に棚を付けることもできるのもおもしろいから、それもありか」と思って受け入れることに。なにより家は強度が大事ですし、その工法を採用すれば、視界を遮らない大きな空間が実現できるのですから、ほっとひと安心です。

壁一面のでっかい窓は、断念したポイント

リビングの要望として、もうひとつハナコさんが挙げていたのが、大きな窓。「でっかい窓にあこがれがあったんですよね。家の中にいても外の気配が感じられる家にしたいし、うちの前の道を通る人たちにも、住む人の気配を感じてもらいたいんです。プライバシーの問題で、外に気配を見せないようにする家も多いのでしょうが、人の気配が感じられる家が近所にあったら、散歩していても楽しいと私は思っているので」とハナコさん。

新居の立地はゆるやかな商店街。道を歩く人がふっと上を見上げたら、ちらっと照明のオレンジ色の光が目に入り、『なんだろう、ここ？　お店なの？』と、気になるような家にしたいというのがハナコさんの要望でした。もちろん、女のひとり暮らしですからプライバシーや防犯も大事。丸見えにするという意味ではなく、あくまでも気配です。ひとつひとつの家の集合体が町で

あり、窓は、町と家をつなぐ存在。だから、その窓は町に対して開《ひら》けているものにしたいとの思いがあったようです。「本当は壁一面を窓にしたいくらいだったんです（笑）」。

とはいえ新居の場所は、窓に規定の防火性能を持たせなければいけないなどの制限が設けられている準防火地域。さらに、ハナコさんの要望は木製サッシで、網入りガラスはぜったいにイヤというもの。アルミサッシで網入りガラスでもよければ、壁一面の窓も可能だったかもしれませんが、そこは、ゆずれないポイントでした。坪谷さんは、条件に合うものの中で、最大サイズの窓を探し回り、「アルスの夢まど」という山形県・米沢市のメーカーにたどりつきます。木製サッシでありながら、「網なしの透明窓で準防火地域でもＯＫ」という希望通りの窓が見つかり、その最大サイズを無事採用することができました。壁一面の窓という思いは実現できませんでしたが、外と内をほどよくつなげ、人の気配を感じさせるという要望にかなう、それなりに大きな窓が入ることになりました。

諦めたことや、ゆずったことが最終的にはよき結果に

リビングの工法しかり、窓の大きさしかり、家づくりを進めていく途中途中で、思い通りには

いかないといった問題はたびたび発生するもの。ハナコさんは、つねに自分に対して優先順位を問い、ひくところはひき、ぜったいにゆずれないところはブレずに、都度、決断していきました。

そのときどきでは気持ちは大きく揺れながらの決断ですが、それぞれに満足な結果を生むことになりました。耐震性能を上げるために受け入れることにした柱が出っ張る工法については、頭では納得したものの、柱がボコボコしているのはちょっと残念だと、しばらくはネガティブなイメージを持っていたのだそう。「でも、家が建ち上がってみると、柱と梁がアーチのように並ぶ様子が、じつにかっこよかった！　私は連鎖するモチーフに惹かれるんですが、まさに大好きな雰囲気」。当初は、梁は天井板で隠し、柱だけを見せるデザインにするつもりだったそうですが、かっこいいから梁も見せたいと、工事中の現場を見た瞬間にその場で依頼。アーチが並ぶ雰囲気をデザインとして楽しめるように方向転換したのです。さらに、赤っぽいマホガニー色に塗装することで、まるであえてのデザインといえるくらい、リビングの大切なアクセントになりました。「この柱と梁のアーチが並ぶ様子を知人に見せたら、千本鳥居みたいと言われたんです。鳥居のデザインが好きなので、改めてよかったと思いました。また、マホガニー色に塗装したことで、〝ナチュラルカントリー〟風ではなく、骨太な印象に仕上がったと思います」。

一方で、当初よりも小さくなってしまった窓も、結果的にはメリットがありました。「家の骨組みが立ち上がって2階になる部分に立ってみたら、目の高さの真正面に電線の大きな束があったり、正面の古い家が気になったりしてきちゃったんです。だから、一面の窓より少し小さなサイズの窓になったことで、見たくない景色をほどよくトリミングして隠してくれる感じになって正解でした」。

2019年12月23日
〈家が徐々にできていきます。リビングの柱と梁は特殊工法の門型フレーム。連鎖する感じがカッコいいので、やはり天井の梁を出してもらうことにしました。建築基準法が引っかからない土地なら、奥の壁を丸ごとバーンと大窓にしたのになー（でもできないので、最大限の大きさの木枠窓を特注した）。家を建てるって、法律とのすり合わせの連続ね。〉
インスタグラム @turehana1 より

せっかくプロに依頼するのだから、まかせきる

ハナコさんが家を建てるときにひとつの方針として貫いていたのが、自分がこの人と見込んだプロをとにかく頼ること。つまり建築家である坪谷さんをとことん信頼し、まかせることでした。

家づくりやリノベーションをするとなると、自分でいろいろとリサーチをし、独自に情報を集めたり使用したい機器を探したりする人も多いことでしょう。家づくりの楽しい部分でもあるので、積極的にどんどん関わっていくという判断も当然ありです。でも、素人である自分のアンテナにひっかかるものはかたよりがちだから、長年、家にたずさわっているプロの建築家の膨大な知見にはかなうはずがない、とハナコさんは考えました。せっかくプロに依頼するのですから、その知識、センスなどを思いっきり発揮してもらうほうがいい。だから、闇雲に自分でリサーチをして時間をかけるのではなく、自分の要望に合うと坪谷さんが判断したものを提案してもらい、そこから取捨選択するほうが合理的だと考えたのです。

「私も忙しくて時間が有限というのもありますが、『餅は餅屋』だと思うんです。例えば、ワインや日本酒。たいして知らないのに知ったかぶりをしていると、自分の知識の中だけで選ぶことになり、新しいおいしさには出会えないですよね。自分の好みや、そのときの気分をきちんと伝えて、ソムリエやお店の人におまかせしたほうが、何倍もいいワインや日本酒に出会え、幅も広

がります」
自分の知識を中途半端に広げることより、自身の要望をしっかり把握することに時間を使ったほうがいい。そして、その要望をその道のプロに伝えて選んでもらうほうがうまくいく。仕事でもプライベートでも、そういう経験を何度もしてきたハナコさんだから、家づくりでも自分の要望さえきちんと伝えることができれば、建築家がよりよき選択肢を提案してくれるはずと考えたのです。「自分みたいな素人が、自分で見つけられる範囲で探して決めてしまったら、もったいないなと思いました」。

編集者という仕事柄、ハナコさんには間違いなくリサーチ能力はありますし、まわりに豊富な知識を持っている友人、知人も多い。でも、あくまでもそこは自分がこの人だと決めた建築家の提案を信じる。今回の家づくりの選択のすべてにおいて、ハナコさんに貫かれていた考え方です。おかげで、坪谷さんもハナコさんとの仕事はとてもスムーズだったと感じているそう。「施主が見ているのは、どうしても断片というか全体の中の一部になりがちです。自分で選んだあれこれを使いたいと、いろいろな要望がパラパラと追加されていくと、家全体のバランスがどうしても崩れていきます。ハナコさんのように、全体に関わる要望をきっちり伝えてくれたうえで細かいことはまかせてくれ、かつ、こちらの提案に対して、YES、NOをはっきり判断してくれる施主というのは、本当にレアです。でも、その姿勢が、結果的にはいい家へとつながったと思います」と坪谷さん。「餅は餅屋」というハナコさんの考え方は、双方にとってよい結果を生んだようです。

ひとり暮らしなのに、なぜか台所がふたつある！

さて、38〜39ページにあるハナコさん宅の間取りを、改めてじっくり見てみましょう。サイド光にこだわった2階のメインの台所とは別に、もうひとつ台所があることに気がつきます。それが1階の土間の中にある台所です。

東北に通ううち、土間の便利さに開眼し、新居に土間をつくることを初期段階で決めていたハナコさん。「撮影もするし、打ち合わせで人も出入りするので、この家はプライベート空間でありつつ、オフィシャルな場所。つまり、公私が混ぜこぜになった家です。でも、台所は2階の奥で、玄関からはいちばん遠い場所なので、玄関の近くでも簡単な打ち合わせができるといいし、それならお茶も出せるように簡易なキッチンもあったほうがいいんじゃない？と考えたのがスタートです」。

キッチンを設置するなら、ゆくゆくはこの場所でポップアップイベントのようなものを開催で

1階土間にはカウンターキッチンがある。ワイングラスホルダーもあり、まるでバーの風情。工事中は中の様子が見えるので、飲食店がオープンすると勘違いした通行人もいたはず。

きるかもしれないし、もしかしたら自分が料理をしたり、そのときどきで友人の料理人を呼んで飲食業的なことがしたいと将来的に考えるかもしれない。そして、今は、特徴のない静かな町だけれど、もしかしたら町を元気にするような発展的なことまでも、この家でできるかもしれない、そんな風にも考えたのだそう。とにかく、どんどんイメージが広がっていったのです。

「イベントくらいなら飲食店の営業許可を取らずにこっそりなんてことも可能かもしれないんですが、ここぞやるのは自分の性格には合わないと感じて。それなら、最初から飲食店もできる3槽シンク、そなえつけの換気扇とコンロという保健所で定められた最低限の仕様にしておこうと決めました。まあ結局のところ、またまた定番の理由で、『台所がふたつあるのって、楽しくない？』って、ワクワクしたんです（笑）。実際に住んでみて、使ってみて、まだまだ今後どういう形にするかはわからないですけれど。結局は、『楽しそう』という気持ちだけでつくった場所です」

坪谷さんも、「昔の家は、玄関にいちばん近い部屋が茶の間や仏間であることが多く、そこでお客さまを迎え、食べたり飲んだりしていた。つまり、お客さまを招く機能が、玄関のすぐ近くにあったんです。ハナコさんの家はたくさんの人を迎えるでしょうから、同じように玄関そばにそんな役割の場所があるといいし、そこは、台所でもあったほうがいいと思いました」と振り返ります。

建てたあとで、配管を変えるなど営業許可を取れるような仕様に改めて変更するのは大変だし、お金もかかります。でも、建てる段階なら、飲食店の営業許可の取れる仕様にしておくことは簡単です。ハナコさんは、やりたいことをいろいろと妄想し、現段階では、「〜かもしれない」という仮定ではあっても、対応できるようにしておこう、そういう発想で設計を決めていきました。

そして、メインのキッチンと同じ「タニコー」の、シンプルな業務用キッチンを採用。少しだけ自分仕様にカスタムして導入しています。ちなみに、東北で土間に炭火がおこせるカウンターのあるお宅を訪問したあとには、「わが家にも炭火カウンターを！」とまで考えたそうですが、さすがに狭すぎるからと、その案は即座に坪谷さんによって却下になったそう。

「しばらくは具体的な用途はないのですが、こういう自由な場があると、逆に、この場所を有効活用するためになにかできることがないかな？と考えるようになるので、これからの楽しみも広がりました」

こうして、玄関にも台所があるという間取りが決まり、ひとり暮らしのハナコ家には台所がふたつあるという結果になりました。小さいながらも、オリーブの木を天板にしたカウンターキッチンと、その上につるされているワイングラスホルダーのある土間スペースは、すでに小さなワインバーのような風情。ときどき、このカウンターにひとり立ってお酒を飲みつつ、商店街を通る人を眺めながら、この場所をどう使おうかといろいろ妄想する。そんな時間も楽しいものです。

ゼロか百か。ハナコ流を貫いた極端な選択

台所が好きすぎるから、2階の半分は台所、そして1階にも台所。そんなプランができ上がってくると、ほかのスペースは自《おの》ずと狭くなります。またキッチン設備にかなり大きな予算を割いてフルオーダーしている都合上、台所以外のスペースに割ける予算は当然小さくなっていきます。

「実現したいことを明確にして、メリハリをもって予算配分すれば、家を建てることは夢物語ではない。そう聞いたのが、マンションから一戸建てへと気持ちが動いたきっかけだったので、本当にこだわりたいところ以外は思い切って削《そ》ぎ落としていこうと考えました」とハナコさん。

まず、寝室はベッドがギリギリ入ればよしということで、4・5畳にすることに。さらに、ひとり暮らしだから水回りは狭くていいと考え、なんと、シャワーだけにするという決断をします。つまり浴槽なし！　ゆったりした浴室を、ユニットバスではなく在来工法で一からつくるとなると、広さも予算も必要ですが、シャワーだけでよいなら狭くていいうえ、設備機器や、施工にかかる予算をぐっと抑えることが可能。そういう判断です。

寝室が狭くていいということは理解できても、浴槽をなくしてシャワーだけ!?というのは、驚

1階のキッチンカウンターの上には、ケヤキの1枚板を使ってつくったワイングラスホルダーを取り付け。木材の王様という人もいるケヤキは、大工さんに褒められる美しさ。

キッチンカウンターの上には、パキスタンのスタンドライトを設置。ハナコさんの実家に子どもの頃からあったもの。大好きだったので、家を建てるのを機にゆずり受けた。

キッチンカウンターにはオリーブの1枚板を採用。カッティングボードにもよく使われる材で、料理好きのハナコさんにぴったり。木材を探せるサイト「キバドットコム」で発見。
https://wood-kiba.com/

きの選択です。一から家を建て、台所にかなりの予算を割いているにもかかわらず、ですから、なかなか思い切っています。

「家で湯船につかることがほぼなくて、いつもシャワーだから」というのが、ハナコさんが浴槽なしを決めた理由。でも、その話を聞くやいなや、ハナコさんのまわりの友人たちからは、「いやいや、まだ若いからいいけど、突然、毎日、湯船につかりたくなるから、ぜったいシャワーだけなんてダメ」というアドバイスが殺到したそう。家づくりのさなか、いろいろな場面で、友人知人から、はてはインスタグラムのフォロワーといった薄い縁の人まで、たくさんのアドバイスが届いたハナコさん。もちろん、ありがたく参考にしながらも、結局は自分が自分のために建てる家だからと、どこまでも「自分基準」で決断をしていきました。そんなわけで、ハナコ家には台所がふたつあるのに、浴槽はありません。毎日シャワーを使う暮らしです。でも、頭上からシャワーを浴びられる、オーバーヘッドシャワーをプラスしたので、毎日、ちょっとしたリゾート気分。自分の選択に悔いはないそうです。

「とはいえ、最終決断する前に、家のそばの銭湯を探して実際に行ってみました。家からも近いし、今どき珍しく新しく建て替えたばかりで長く存続しそうなので、湯船につかりたくなったら銭湯に行きます！」

浴槽はあったほうがいいというアドバイスがあまりにたくさん届いたので、さすがのハナコさんも動揺したということかもしれませんが、初志貫徹。予算配分のメリハリをつけて総額をおさえるというミッションをクリアしたのでした。

台所には思いっきりパワーをかけ、こだわらないところは、ほどほどでよし。この「ゼロか百か」のような選択も、ひとりで建てる家だからこそできること。「家族の要望をすり合わせる必要もなく、私だけの優先順位で決められますから」とハナコさん。ひとりでの家づくりを不安に思うというより、あくまでもポジティブに選択を楽しんでいきました。

床材は、「とろ〜ん」と経年変化するものをリクエスト

床材は、インテリアの雰囲気を左右するうえ、味わいなどのテクスチャーが日々の暮らしの豊かさに少なからず影響するため、家を建てる、リノベーションをするとなったら多くの人がこだわりをもつ部分です。ハナコさんの選び方はというと、今まで同様、実現したいことを自分の言葉で建築家に伝え、それを踏まえた提案の中から選んでいくことでした。

チーク、オーク、メープル、パイン……。床材の選択肢は豊富です。情報があふれている今、自分で調べることは簡単にできるうえ、サンプルも見られるので、つい、材の種類を具体的に指

定したくなりますが、ハナコさんが要望したのは、「長年使うことで、『とろ〜ん』としていく材」。樹種の指定はしませんでした。どの材がどんな風に経年によって雰囲気を変えていくのかは、カタログやサンプル材を見ただけではわかりません。また、材を「これ」と指定してしまうと、自分の知識以外でよりよき選択肢があったとしても、提案される機会がなくなります。だから、指定はせずに、かなえたい要望を伝える。この姿勢は床材選びでも同じでした。

「友人が、素敵なヴィンテージマンションに住んでいるのですが、そこを訪ねたときに見た無垢の床材が『とろとろ』というか、『とろ〜ん』としていて。そんな雰囲気に育っていく床材がいいなと思って、そう伝えました。でも、無垢材の床という選択は早々に諦めました。あこがれはありましたし、傷もいい味わいになるといろいろな人から聞いて惹かれていたのですが、こまめにワックスをかけるなど、ていねいにお手入れができない自分の性格はわかっています。希望していた床暖房と併用すると反ったり縮んだりすると聞いたのも諦めた理由のひとつです」

ハナコさんのリクエストに対して、坪谷さんが提案したのは、床暖房にも対応しているナラの複合フローリング材。『『とろ〜ん』という言葉から、材自体に油を多く含むものと考えて、ナラ材を提案しました。最終的に採用したのは、量産されているフローリング材ですが、それなりの厚さ（3ミリ）のオーク材が表面に貼ってあるものなので、ハナコさんの要望する経年変化による味わいは期待できると思います。無垢でないと味わい深くならないと思っている人も多いですが、機能性と質感、両方を備えている選択肢も今は増えています」と坪谷さん。「節《ふし》なし」のものを選《よ》りすぐってあるフローリング材も選べましたが、そこはあえて、「節あり」をセレクトしたハナコさん。「節がないと、きれいで洗練された仕上がりになるかもしれないけれど、なんだか私の家には合わない気がしました」。実際に暮らしが始まったところで床を見てみると、節が適度な無骨さを生み、ハナコさん宅の骨太な雰囲気を下支えしてくれています。節ありにすることで、価格も下げることができ、一石二鳥でした。

実際に、この床材がとろ〜んとした味わいに育っていくのはこれからのこと。10年、20年先が楽しみです。

ちなみにリビングに採用した床材を家全体に採用すると、予算がはね上がるので、1階の書斎と寝室は、グレードを下げてぐっと安価なものにしました。ここでも、予算配分のメリハリを意識し、選んでいきました。

壁へのこだわりは、とにかくシンプルであること

壁も空間の印象を大きく左右する部分です。しっくい仕上げの壁はどうか、という提案もあり

ましたが、ハナコさんには今ひとつピンとこない選択肢でした。しっくい壁にすると、左官工事を増やすことになり、価格もはね上がるので、ぜひともというのでないなら無理に採用する必要はありません。結局、1階の土間だけを水性ペンキによる塗装壁にし、ほかはクロス壁にしました。土間の壁だけを塗装にしたのは、ペンキのほうが少し無骨なテクスチャーが生まれるので、コンクリート仕上げの土間との相性がクロス壁よりよいと考えたからです。

「アクセントとして色を1面だけ入れるという家も最近は増えていると聞きましたが、私は、シンプルであることが優先と思ったので、全体的に白いほうがいいと思いました。一方で寝室は寝るための場所なので、ここは落ち着く色ということで、暗めのグレーのクロスを選択。クロスのサンプルはいろいろと見せてもらいましたが、同じ白やグレーでも、微妙な質感や色みの違いでたくさんの選択肢があって……。正直、私には違いはわからなくて（笑）、ほぼ同じように感じたので、最終的には坪谷さんにおまかせしました」。こだわりがないところは無理して自分で選ぶことはせず、プロにまかせるというハナコさんの考え方は、ここでも徹底されていました。

1点だけ遊び心を加えたのが、トイレの壁です。旅好きのハナコさんは、中でもトルコやモロッコが好きなのですが、両国に共通するのが寺院や住宅の内外装にタイルを多用すること。ハナコさんもすっかりタイル好きになり、台所の床にもタイルを採用。さらにキッチン機器のショールームで出会った、遊び心のあるタイルを気に入り、どこかで使いたいと思っていました。その

コンクリート仕上げの土間の床。本来なら、さらに塗装をして均一な色に仕上げるのだが、自然のままが、かなり味わいがあってかっこよかったので、そのままに。撮影時に背景として使われること多々。

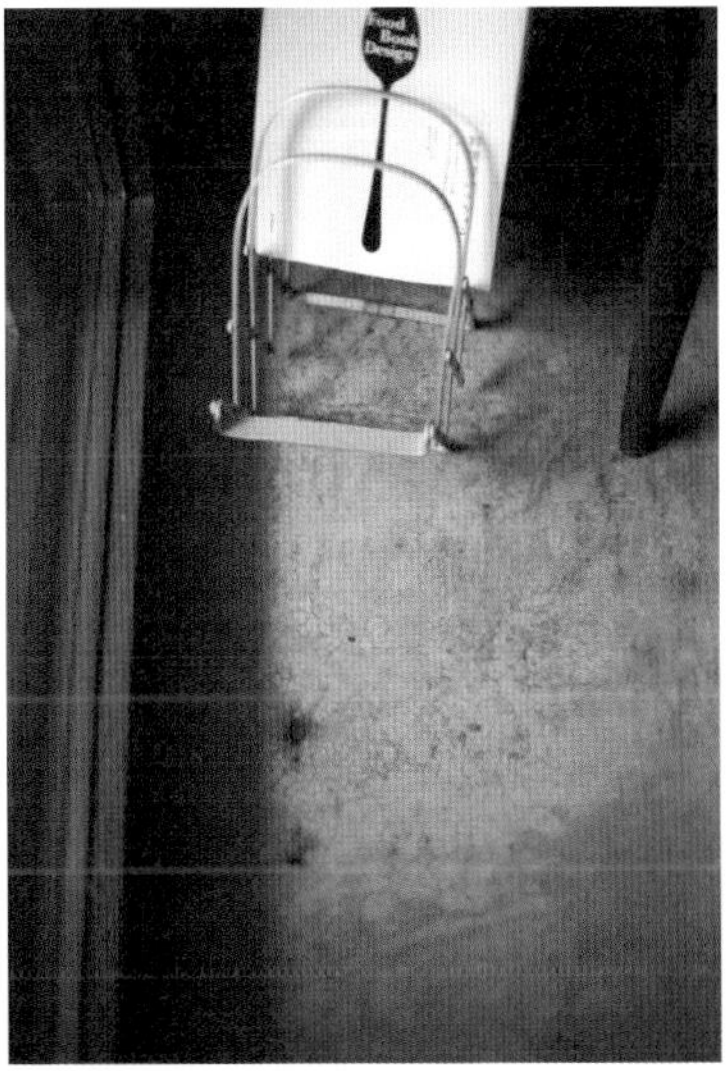

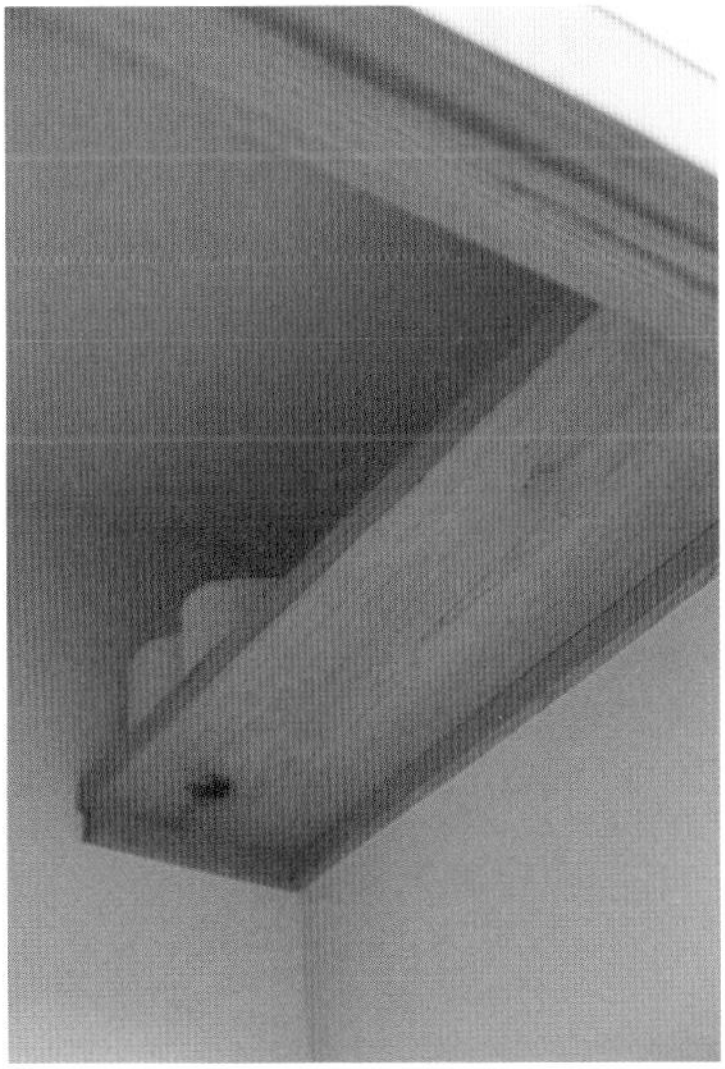

青森で知り合った青森ヒバの生産者の方にゆずってもらったヒバをトイレの棚に。ちょっとぜいたくな使い方だが、消臭効果があると知り、この場所に使うことを思いついた。

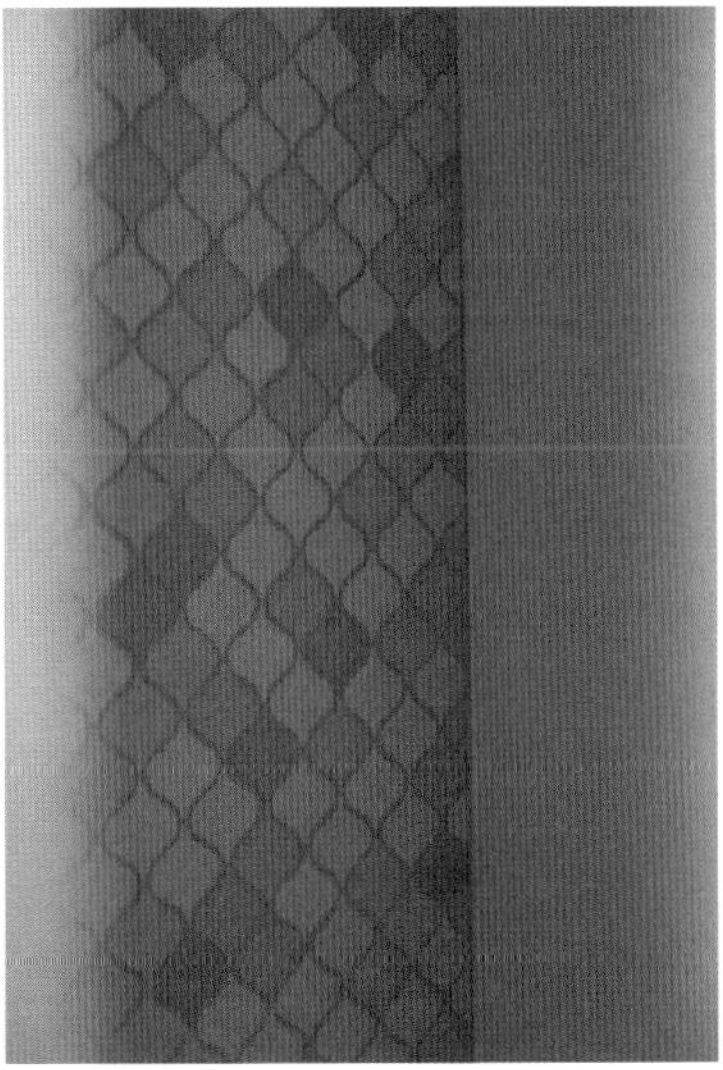

エキゾチックな雰囲気のあるデザインのタイルを、トイレの奥の壁に採用。マルチカラーの派手なものが間違って届いてしまったが、初志貫徹でベージュ系グラデーションに。

タイルは、どことなく中近東のモチーフを感じさせるデザインでハナコさん好みでしたが、広い場所に使うと主張が強すぎてしまう。そこで、トイレの壁の一面だけに貼ることに決めました。

「わが家には旅先で購入してきた雑貨、鍋や皿がたくさんあります。そういうもので色や柄が追加されるから、ベースとなる壁や床など、長く固定されてしまうものは、できるだけシンプルにしたいという思いがありました。私が選んだタイルはモチーフが少し個性的だったので、シンプルなベージュ系グラデーションを選び、強くなりすぎないようにしています」

実はこのタイル、先方のミスで強い色がランダムにミックスされたものが届いてしまったのだそう。よりモロッコっぽいイメージのカラーリングでとてもかわいいタイルなのですが、いくらトイレの中でも、そこは、ゆずらず、きっぱり「いや」とハナコさん。スケジュールにも少し影響が出てしまいましたが、当初の予定通りのベージュ系タイルを再手配してもらいました。

外観は建築雑誌からイメージを広げて

話は大きくさかのぼって、土地の購入が決まった頃のこと。ハナコさんは坪谷さんから、個人の住宅がたくさん掲載されている数十冊の建築雑誌や書籍を渡され、とある課題を出されました。

ざ〜っと見て、どんな外観が好きか、ピンときたものにふせんを付けてみてとのことでした。「統一されていなくていいし、正反対のタイプのものが混じっていてもいいから気になるものに、と言われました」。たしかに、台所やリビングへの要望など、やりたいことは坪谷さんにさんざん伝えていたハナコさんでしたが、外観に関してはイメージができておらず、その作業をすることで自分の好みを探ることにしたのです。

「たくさん見る中で、『めっちゃいい！』と思った家があって。その家の玄関が、バーンと大きいガラスの引き戸だったんです。そういう見た目のおうちにしたいと感じ、玄関扉は引き戸、ガラス、木の枠と、決まったんです」

でも、商店街に面している玄関。さすがにガラスの引き戸だけでは中が丸見えになってしまうので、一番外側には格子の扉を付け、ガラス戸との間をポーチのように使うことになりました。

「庭やベランダがないから、ポーチがあるのは楽しいかも？　自転車も置いておけるし、焼肉もできるかな？　なんて考えました。実際に住んでみて想定外でうれしかったのが、愛猫のあんきもがこのポーチを気に入ってくれたということ。このポーチから外を通る人を眺めるのが楽しいらしく、よくこの場所でくつろいでいます」。通りがかる子どもたちや散歩中の犬も、あんきもに気がついて、じっと覗き込んでいることもあるそうで、近所の人たちとの言葉のない交流も静かに始まりました。集合住宅と違って、一戸建ては町とのつながりも深くなるもの。リビングの窓同様、このポーチは町とハナコさん宅をつなげる場所になるのかもしれません。

照明は、目立つところだけ、自分らしくこだわる

ほとんどの設備機器は、坪谷さんからの提案を受けて選ぶということが多かったハナコさんですが、照明器具の一部は、いくつかを自分で選びました。とはいえ、カタログを見て選ぶというわけではなく、大好きな青山の民芸雑貨店「グランピエ」で見つけた、らくだの革のペンダントライトや、キッチンを見に行ったショールームのそばの商店街で出会った籐製《とうせい》のライトなど、やっぱりハナコさん流の選び方をしています。「それまで、関心がなくて見ていなかったものですが、気がつけば、ほしいものに続々出会って。ちなみに、戸越銀座の商店街にあるリサイクルショップで見つけた昭和モダンな雰囲気のライトは3千円！　出会いものだから、竣工する1年以上前でしたが、さくっと買ってしまいました」。

こういう照明は、どちらかといったらインテリアアイテム。基礎照明の部分はおまかせだったそうですが、「照明ばかりは、本当に人によって明るさの感じ方が違って、難しいんです」と坪谷さん。今までも多くの住宅を手がけてきていますが、これが正解という照明設計を前もって、

やはり竣工の1年以上前に出会って買っておいたペンダントライトは、1階の土間に設置。らくだの革を使ったもので、世界の民芸品が揃う、大好きな「グランピエ」で発見。

商店街の古道具屋さんを覗いたら出会ってしまった照明。こちらは、書斎の天井から吊るしている。昭和のものながらモダンで、なんと3000円と破格プライスだったのだそう。

決め打ちはできないと感じているのだそう。ハナコさんからは、自分で選んだ照明以外はできるだけ主張のない、目立たないものであってほしいとの要望があったので、リビングの天井にライティングダクトを設置し、あとから足したり引いたりできるようにプランニング。時間や季節によってもほしい光量は変わるので、調光ができるタイプを選択しています。スポットライトをあとから増やすことも、ペンダントライトを追加で吊り下げることもできるので、必要だと感じたら変更を加える予定です。

「もともとは、2階リビングの大きな窓際に、通りから見上げたらすてきなペンダントライトが見えるという風景をつくるつもりだったんですが、住んでみたら、あると邪魔かもという気持ちにもなってきました。ひと目ぼれしたイタリア製の20万円くらいするかっこいいモダンなライトや、インドのアイアン製のもの、いろいろ構想はあったんですが……」とハナコさん。しばらくは、その妄想のライトは取り付けずに暮らすことに決めました。そんな気持ちの変化にも対応できるので、決め打ちで照明を取り付けるのではなく、融通のきくライティングダクトを採用したのは、正解だったようです。

新居にて振り返る④　「理想の家は、法律との戦い」

台所以外の場所は、基本的に坪谷さんからの案が土台になっています。私が当初に強く希望したのは「大きなガラス引き戸の入口」「2階リビングの広さ（前の賃貸マンション時と同じかそれ以上の面積を確保）」「ロフト（納戸）の入口は障子のようなデザインにしたい」くらいだったんじゃないかな。

そういうものなのかと何度も驚いたのは、法律の壁。構造物の安全性を試算するための「構造計算」という言葉も、家を建てることになって初めて耳にした用語です。設計を進めてもらう中で、私がイメージするものを伝えるたびに「それだと構造計算的に耐震性が難しい」「この場所は準防火地域だから使えるサイズが決まっている」……などなど出てくる出てくる！　そのたびに「えーっ！」となるのですが、こればかりはクリアする方法を坪谷さんに頭をひねってもらうか、代替案をいただくしかない。理想の家を建てるとは、法律との戦いだなと思いました。

1階の土間リビングのサブキッチンは、当初予定にはなかったものです。でも、提案をもらった後は「絶対に作りたい！」と意気込んだ設備。というよりは、それを作ることによって自分の将来をどのようなものにしたいのかを、考えるきっかけとなりました。一時期は盛り上がりすぎて、「酒場のようなコの字カウンターを入れたい！」と図面までひいてもらいましたが、狭くなりすぎるので断念。今は、やめておいてよかったです（笑）。

自分のお店やゲストを呼んでのポップアップイベントのほか、撮影スタジオにも使えるなと思ったのは工事をしている最中。コンクリート床にマーブル状の薬品シミができており、「きれいにもできますよ」と言われたけれど、「仕事の撮影時の天板代わりに使えるな」とそのままにしたのがきっかけです。住み始めた現在も、カッコいいシミだと撮影スタッフたちに大好評。年中、撮影に活躍しています。

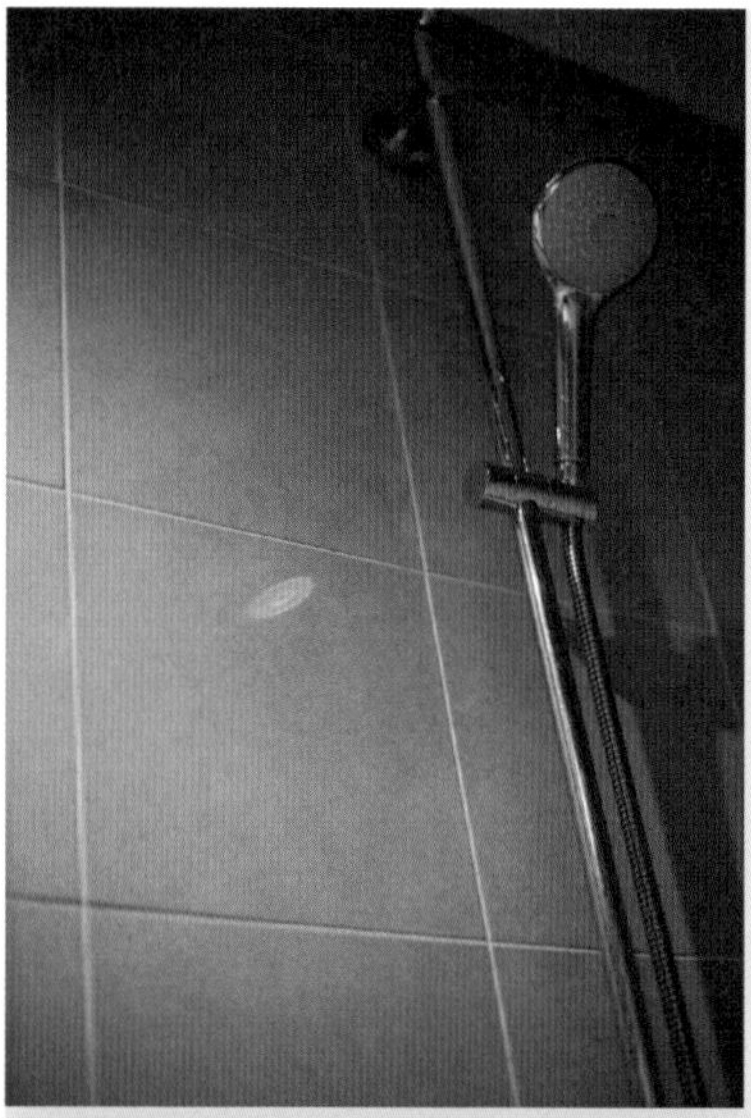

バスルーム

洗面所

ハナコさんのインスタグラム

「#ツレヅレハナコの家づくり」より

2018年末にインスタグラムで、女ひとりで家を建てることを宣言したハナコさん。以来、家に関する話には、「#ツレヅレハナコの家づくり」のタグを付けて投稿。リアルタイムでの気持ちが現れていて臨場感があり、ワクワク感も伝わってくるので、順にご紹介します。ずっとフォローしていた方も、全体像がわかったうえで再度読むと、さらに楽しめるはず!

〈インスタグラムアカウント @turehana1〉

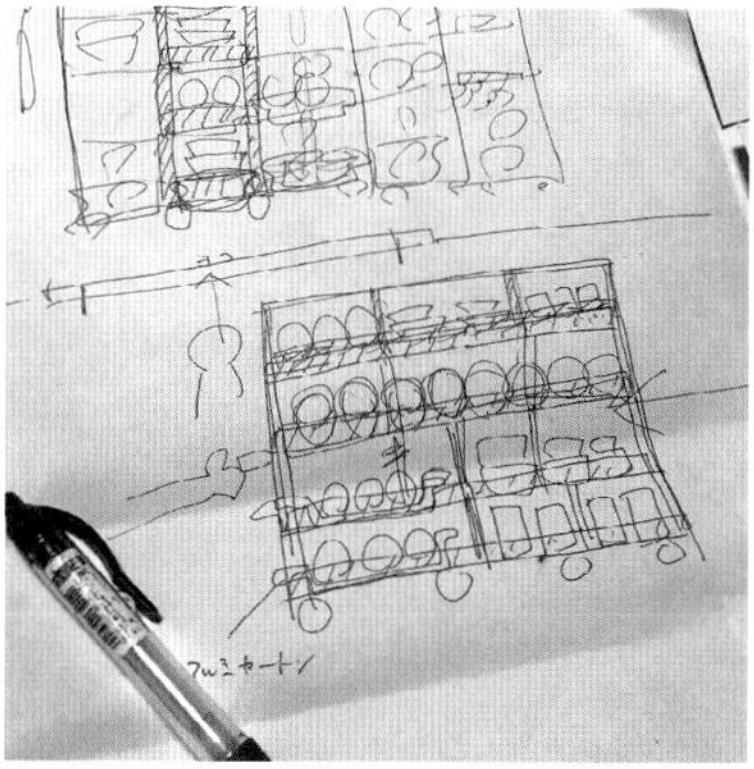

2019年1月18日
〈パントリーの設計について。建築家さんに大工さん用の備品図面を描いてもらうため、へたくそなラフ絵を必死で描いて希望を説明……寝室とかバスルームの設計は本気でどーでもいい（というか全お任せ）のだが、やたら広大なリビングと土間についてはパーツのひとつまでこだわりぬく!〉

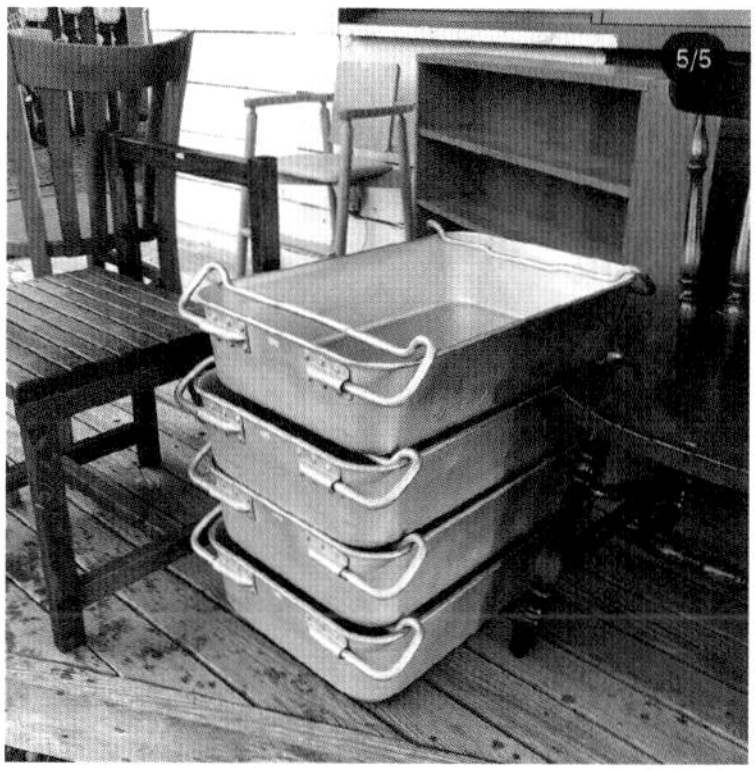

2019年1月18日
〈（前略）古道具屋で積んであった給食用のアルミカートンを4個全部買ったので新居のパントリーに組み込むつもり。わーん、楽しみすぎる!〉

2019年5月24日
〈雲ひとつない快晴の下、無事に地鎮祭終了！　なじみの魚屋さんに「地鎮祭用なんです」と鯛を予約したら「おっ。じゃあ、いいやつ取っとくよ!」とありがたい返事。その通りすばらしかったー。
きゃー、いよいよ始まるなあ。大好きな家になる予感しかない。仕事に家づくりにプライベートにと毎日ものすごいことになっているけれど、楽しみ尽くして駆け抜けるぜ！　助けてくれる皆さん、いつもありがとうー!〉

2019年4月24日
〈祝・確認申請!!　建築家さん、まずはおつかれさまでした……。建築基準法をクリアした証ですが、まだまだやることは山積み。ありとあらゆるパーツや素材を決めるなど、これからが楽しいところなのでワクワクが止まらないー!〉

2019年8月30日
〈なんの取材で北海道までやって来たかと言えば、私の新居の台所がどうやって作られるのかを知りたくて！　厨房機器メーカー「タニコー」さんが手がける家庭用キッチンの部署に依頼予定の我が家。想像していた以上に、すべての商品がフルオーダーならでは……職人さんたちの技術命なミリ単位のローテク！　すごー！　がっつり取材してきたので、形になるのをお楽しみに。調理器具はアルミを愛しているけれど、台所自体はステンレスの魅力について語りたい。〉

2019年7月19日
〈いよいよ今週着工！　内装など細かいところもグイグイ決めていく時期……タイルひとつ選ぶにしても果てしない……（白目）。
台所の床、壁、洗面所も併せたバスルーム全体の床と壁……サンプルを前に、グレーだけでもバリエや質感に迷うー（あと予算な!）。
分厚いカタログを見直して更にもう一回サンプルを取り寄せてもらい、納得がいったら採用！　よーし、家ができていくぞー!〉

2019年10月13日

〈上棟式が楽しみすぎて、遠足の前の日の子どもみたいになっている。今からひとりでニコニコしながら、お出しする料理のメニューカード書いたり。

残念ながら、まさかの雨予報ですが、ブルーシートで屋根を作るので雨天決行です！　予報が外れますように！　参加の皆さま、あったかくして&胃と肝臓整えて来てねー。ごはんも酒もマジすごい。

写真（中略）は在来工法では建てられなかった我が家の秘密兵器（これはまた、新たな媒体で詳しくご紹介を）。建築家さん、がんばってくれてありがとうございますー。泣〉

2019年9月28日

〈いよいよ来月は自宅の上棟式。東京で上棟式をやる家はかなり少なくなったそうですが、もちろん私はやるぜ！　だって超楽しそうー！

上棟式といえば餅まき。私は、いつもお世話になっている岩手県大槌町の民宿のお母さん（と、お友達婦人会の皆さま）に作っていただきました。手作り餅、うれしいなあ。行事ものに強いエリアならではのベテランの貫禄とチームワーク。

こちらを急速冷凍して本番まで保管。はー、楽しみ。そのほかも前代未聞の上棟式にする気満々……大工さん、建築家さん、頑張ってー！〉

2019年11月3日

〈超快晴の空の下、昨日からメインの柱が建ち始めました。在来工法ではない新しい工法なので建築家さんも大工さんもドキドキだったそうですが、「コレはいける！」という手応えを摑んだそう。わーいわーい！

この一年、あーでもないこーでもないと建築家さんと二次元で考えていたものが三次元になるのを見たら、なんだか感動してしまったわ……。まだまだ先は長いけど、大きく動き出したよー！〉

2019年10月28日

〈フローリング悩ましい……無垢は素敵だけど私の雑さだとソッコーでボロボロになるのでパス。タイルと同じく、見れば見るほどわからなくなってきて建築雑誌でイメトレ。はー、悩む。はー、楽しい。〉

2020年1月12日
〈自宅の建築現場へ。大工さん仕事と並行して電気屋さんが入り、配線工事もスタートしました。「床暖房を貼る」って、こんなにペラペラのシート状なのね! 基礎工事と違って、そろそろ素人にもわかる進捗状況なので見に行くのが楽しい。壁に設計図を貼って皆で確認しながら作業する様子は、全ページのコンテを壁に貼って進める料理レシピ本の撮影現場にちょっと似ていますね。玄関に台所がある家(!)ができつつあるよー。〉(編集部注・写真は床暖房シートが丸められている様子)

2019年12月29日
〈料理や器と同じように、原材料や過程が見えて、作った人の気配がリアルな家がほしかった。だから大工さんに木造の家を建ててもらっています。現場を見てるとすごいのよね。間に入る柱とか、その場でジャンジャン電鋸で切ってミリ単位で調整! 斜めの柱の突き合わせ(写真)なんて完璧すぎて、構造チェックの人が来たときは「すごい安心感(技術)ですねー」と驚いて帰ったらしい。職人! 今年の現場は昨日でおしまい。来年もよろしくお願いします。引越しは3月初旬になりそうです!〉

2020年2月8日
〈ついにオーダーキッチンの搬入日! 現場はキッチンを運ぶ人、設置する人ほか、タイル屋さん、電気屋さんなどこれまで見たことのない作業人数で猛スパート中。ありがたや……。諸事情によりペンネームでオーダーしているため、機材にはこんな張り紙が。登記はもちろん本名ですw(後略)〉

2020年2月2日
〈キッチンの床は白い大判(600角!)タイル。油汚れをすぐ拭けて滑りにくいテクスチャーを選びまくりました。床暖房入りなので寒くはないはず。
タイルはもちろん、目地の色まで白、ライトグレー、グレーと選べるのです……家づくりとは(前回、法律とのすり合わせの連続と言ったけれど)何かを決断する連続でもある。これは確かに気力体力いるー!
でも建てた人が口をそろえるのが「あんなにこだわったはずなのに、住んでみたらどうでもいいことが多い」って言葉。肩の力を抜いて楽しくやります。

2020年3月2日

〈たくさん宴会をして、たくさんひとり呑みを楽しんで、たくさん取材に来てもらった幸せな台所でした。大好きだったなー。次の家は、この台所で好きだったところを引き継いで、改善したかったことを活かして作りました。もっと好きになれるかな。ワクワクしかありません。そして、ポエム書いてる場合じゃねえって感じの引越し準備……あんさんも呆れる荷物量（一応、一人暮らし……しかもまだある）。〉

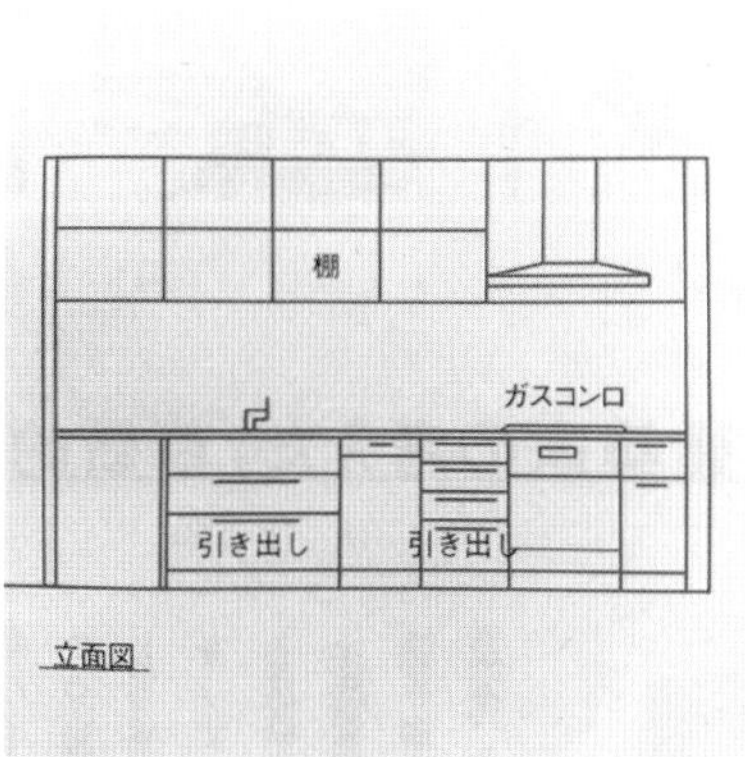

2020年2月25日

〈台所のレンジフード横の、壁と天井ギリギリまでみっちり入れる木の吊り戸棚。実は、数年前の雑誌に載っていたスタイリスト高橋みどりさん宅キッチンがヒントです。あえてステンレスではなく木製。そして、高いところにある棚かっこいい……背が高くて良かった（そしてますます、他の人には使いにくい一人暮らし仕様になっていくw）とはいえ三段は無理だったので二段。しかも、うちにぴったりサイズなんてどこにも売ってないので大工さんに作ってもらいました。すごいー。ありがたやー。さあ、家づくりもいよいよ佳境ですよ!〉

2020年3月6日

〈まだ全く片付け終わっていないのに、鍋棚を作ってもらってテンション上げる。この棚を作りたかったのも、家を建てた理由のひとつです。国内外でコツコツ鍋を集めるのは私のライフワーク。旅から戻るときは、片手にトランク、片手に鍋。（中略）年中使うものもあれば、眺めて楽しむものもあれば。まだまだあるので、気分によって入れ替えます。いつもリビングから大好きな鍋が見られて幸せだー。天窓からの光で美しい。

2020年3月5日

〈「ハナコさん、引っ越しで疲れ切ってるだろうから!」と、ゆっきーが新築祝い弁当を持ってきてくれました……神!泣　しかも、大工さんたちの分も含めて8人前。ありがてえ……。（中略）蓋に添えられたローズマリーは、ヨーロッパで新居の幸先を願う印だそう。どれも、めちゃめちゃおいしかったー。まだ水道も通ってない状況（絶賛工事中で本日開通!）のおいしいごはん、染みました……ありがとうね＆ごちそうさまでした!　さー、がんばるぜ!〉

2020年3月17日
〈新居のために買った大物家具は、実はひとつだけ。ダイニングテーブルも新しくしたくて秋田にも板を見に行っていたけれど、全部一度にせずゆっくり決めようと思って。この食器棚（たぶん元々は本棚かな）は、青森で入ったアンティークショップで見かけて、悩んだ末に後から取り寄せたもの。センスの良い若者がやっている店で、青森の民家に残る古い家財をリペアして売っていた。この本棚も、どこかの家で長く使われていたもの。東京から連絡して、ゆっくり時間をかけてリペアしてから送ってもらいました。ようこそ、我が家へ!〉

2020年3月7日
〈なんとか片付いてきた!　うちの2階の半分は台所です。1階も2階も厨房機器メーカー「タニコー」さんの「MEISDEL」でオーダー。ステンレスの加工技術がハンパない職人さんたちが、丁寧に作ってくれました。理想の台所ができたよー!　語りたいことありすぎなので、詳細は後日まとめる予定。〉

2020年7月9日
〈我が家のテーブルが新しくなりました!
「♪この一きなんのききになるきー」でおなじみの（年齢限定でわかる）中南米原産モンキーポッドの一枚板!
2メートル超え&めちゃ分厚くて重くて私一人だと持ち上がりもしなかったのですが、大工さんがサクッと2階に上げてアイアンの脚をつけてくれました。かっこええ。一生ものなので、マメに手入れするぞー。このテーブルで、これからたくさんの楽しくおいしい時間が繰り広げられるはず。〉

2020年6月7日
〈我が家の1階、コンクリート土間リビングの立ち飲みカウンター。ビールはチェコで呑みまくったピルスナーウルケル。スピーカーで音楽かけながらのユル昼酒サイコー。カウンターはオリーブの木ですが、建築家さん曰く大工さんたちが「コレいいな」と言うのはグラスを吊り下げている天井から吊るしたケヤキの板。材木界の王様らしい。格安にて仕入れてもらいました。ありがたや……。山形のジャーキーもうまい。〉

5章

家づくりには時間がかかる！
そして、ついに完成

こんなに時間がかかるとは、想定外!?

２０１９年2月ローン契約も終わり、土地がハナコさんのものになりました。「土地も買ったし、間取りも決まった。さあ、これで、すぐ工事が始まる！と思ってたんです」と、ハナコさん。かなり気持ちは前のめり。ローン申請のために必要ということもあり、簡単な「間取り図」はできていたので、すぐに取りかかれるとハナコさんが思ったのは当然のことかもしれません。だから、当時は、思いついた端から細かい要望を坪谷さんに連絡していたのだそう。

例えば、「世界各地で購入してきた鍋をずらっと並べる棚をつくりたい！」ということは、設計前から伝えていたことではあったのですが、いちばん高さのある鍋のサイズを測り、「棚板の間隔は、何センチ以上にしたいです！」という細かさです。

でも、その頃、坪谷さんがやっていたのは、最初につくった間取りをより具体的な構造へと落とし込む作業。見えない部分ではあるものの、家の根幹を担う大切な段階です。構造計算を依頼している専門家・名和さんとやりとりをしながら、こもっての作業が続いていました。施主との打ち合わせが必要になったり、施主の判断を仰ぐような内容が生じたりすることは少ないので、施主にとってみれば、家づくりが止まってしまっているのでは？と、じりじりする期間でもあります。

最初のうちは、そんな細かい要望に坪谷さんもていねいに反応していましたが、ハナコさんの要望が必要になるのは、だいぶ先のこと。建築用の詳細図面を見せながら進行中の作業を説明し、今はまだ、そういう内容を聞く段階にないこと、でも、細かい要望は今後、必要になるから、思いついたことは、どんどん書きためておいてほしいことを伝えたのだそう。

11月末に土地が決まったのに、元の家の解体工事が終わって、地鎮祭ができたのは、5月24日。「素人なんで、なんだかすぐ家が建つような気がしてしまったんですよね（笑）。会ってないときの建築家がなにをやっているか、こちらはよくわからないですし……。土地が実際に決まってから、本当に引っ越しができるまでは、1年3カ月ほどかかりました。私には、すごく長く感じたのに、通常よりだいぶ短期間だそう。やっぱり家づくりには、想像しているよりもずっと時間がかかりますね～」と、ハナコさん。

土地探しに半年～1年、打ち合わせと設計に半年～1年、そして、建設に4～6カ月というのが、通常のスケジュール。ハナコさんの場合は、土地探しに2カ月弱、打ち合わせと設計に4カ月強、建設に9カ月という感じで、進行しました。千葉の豪雨（2019年の台風19号）などの影響があり、建設期間は通常より長めになりましたが、全体で比較するとかなり期間は短めです。とはいえ、購入したらすぐ住めるリノベーション済みのマンションや建売住宅と比較したら、もちろん長い期間です。当初、旧居マンションの更新までには引っ越しをしたいと考えていましたが、それは叶わず……。更新という形ではなく、数カ月分の更新料を日割りで支払い、追加で住まわせてもらうという交渉をして乗り切りました。家づくりは、思ったとおりのスケジュールにはなかなか進まないもの。その気持ちを忘れず、余裕をもったスケジュールを立てるのがよさそうです。

家を建てる理由は、「餅まきをしたい」から⁉

ハナコさんの家づくりを振り返ると、「楽しそう！」「ワクワクする！」という理由で選んだこと、決断したことがたくさん出てきます。上棟式《じょうとうしき》もそのひとつです。上棟式とは、柱や梁、棟木《むなぎ》（屋根の一番高いところに取り付ける木）までが組み上がったときに行う行事。ここまでの工事の無事を感謝し、今後の工事がつつがなく進行し、平穏に家が完成することを祈願します。棟梁に取り仕切ってもらいつつ、五色の旗などを掲げて拝み、建物の四方に酒、塩、米をまいて安全を祈願。お神酒《みき》で乾杯し、その後、棟梁や職人たちと施主の親睦を深める食事会をします。昔は、この上棟式のときに、災《わざわい》を払い、友人知人たちや近所の人にお福分けする意味合いで「餅まき（餅投げ）」をすることが多かったのですが、最近は省かれる傾向にあります。

「東京では、ほぼやらないと聞きましたが、こんな楽しそうなこと、やらないなんてもったいない！　せっかくだから、大々的にやる！」と決めたハナコさん。友人たちを招いて餅まきをし、さらにそのまま大宴会をしようと企てます。友人の編集者に、なぜ家を建てることを決断したのかと聞かれたときに、「餅まきがしたいから」と答えてしまっていたほどの、はりきりぶりでした。

そんなわけで、上棟式はいつできるのかと、家の解体も終わらない頃から、坪谷さんと棟梁を何度もせっついていたハナコさん。天候などの影響によっても、工事の進捗状況は変わるので、通常は早くから日程を確定することは難しいものですが、友人である料理家や料理人に、当日のふるまい料理を依頼したいと、かなり前に日程を決めてしまいました。投げる餅は、何度も通ってすっかり仲良くなった、大槌町の民宿の女性陣に作ってもらえることに。友人の子どもたちも来るからと、お菓子の詰め合わせなども発注して準備万端。当日をワクワクしながら、待ち構えていたのです。

ところが、工事は予定通りに進まず、上棟式をすると決めたその日には棟上《むねあ》げはできていない状態。日程を決めて、多くの人に声をかけていたので、友人たちに家の場所のお披露目も兼ねて、そのまま餅まきと宴会は決行しようということになりました。ところがところが、なんと当日は、雨……。そのうえかなり寒くなるという予報。当日の朝、新居の土地での餅まきは諦めましたが、めげずに3LDKの旧居マンションを開放して、大宴会を行うことにしたのです。

上棟式のお祝いとして差し入れられたお酒の数々。なんと100本近くのワインや日本酒が揃った。雨で餅まきはできなかったけれど、旧居を開放しての大宴会は大盛り上がり。

建物の梁に上がっての餅まきはできなかったものの、旧居リビングで無理やり餅をまき、友人たちに拾ってもらった。餅は、お世話になっている、大槌町にある民宿に依頼。

宴会は昼と夜、2回に分けて開催。夜の部の料理は、ケータリングを得意とするゆっきーこと、木邨有希さんに依頼。ワインや日本酒に合うフレンチベースの料理が中心。

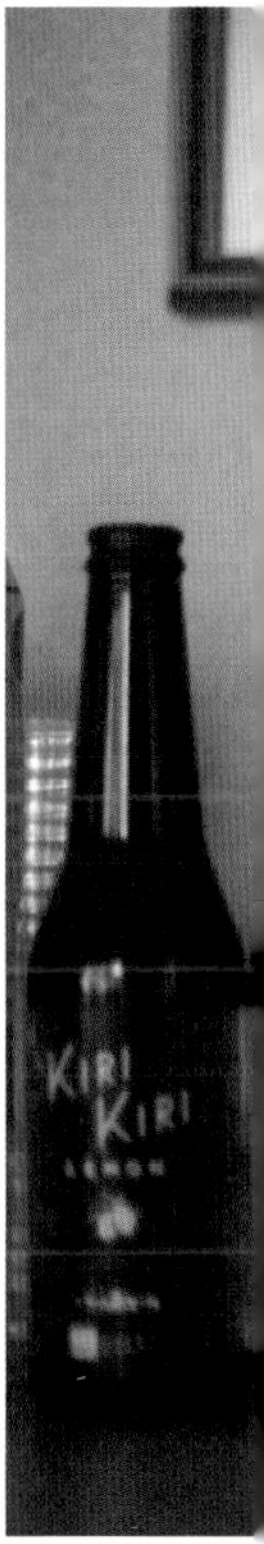

昼の部は、料理家、重信初江さんらに依頼。子どもや大工さんも参加すると聞いていたので、多くの人の口に合いつつ、ちょっとひねりのあるメニューが豪勢に並んだ。

建築家の坪谷さんはビール好きが高じて、大槌町の名物をつくるためクラフトビールを販売する会社を立ち上げた人。ウェルカムドリンクとしてタンクで持ち込み、乾杯!

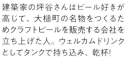

紅白幕も室内に張って、気持ちを盛り上げます。玄関では、坪谷さんが東北でつくっている地ビールの生ビールサーバーがお出迎え。昼の部、夜の部と2回に分けて、各回40名、計80名ほどがハナコさんの新しい決断のお祝いにかけつけてくれました。そんな状況にはなりましたが、それぞれの回に合わせて、料理家&料理人による大ごちそうがテーブルに並び、友人たちが持ち寄ってくれたお酒もずらり。大いに盛り上がり、最終的なお開きは、深夜を回ったのだとか。どちらの回でも、リビングで無理やり餅まきを決行。新居の高いところから餅を投げるという野望は、達成できませんでしたが、大勢の友人から祝ってもらって感慨もひとしお。上棟式の餅まきという名目のただの大宴会になってしまったけれど、とにかく心から楽しんだハナコさん。2019年10月14日。竣工の約5カ月前の夜は、そうやって更けていったのでした。

ちなみに、本当の上棟式は、この約1カ月後の11月17日。ハナコさんの両親、兄家族、棟梁の熊澤雅則《くまざわまさのり》さん、建築家の坪谷さん同席のもと、秋晴れの天気のよい日に無事行われました。柱が建ち、梁と棟木が上がった状態をまのあたりにしたハナコさん。「建っちゃったな〜という気持ちです。感慨深いですが、もう後戻りはできないから、シャキッとした気持ちにもなりました。大きなクレーンが入らない土地だったため、文字通り職人さんたちが1本1本、ほぼ手作業で建ててくれた柱。その様子を見ていただけに、とても誇らしい気持ちにもなっています」。

決して大きな家ではないものの、在来工法ではない新しい工法なども盛り込まれているので、

本当の上棟式は、大宴会から約1カ月後に無事開催。この日はすばらしい晴天の秋空。五色旗を柱の上部に掲げ、棟梁の仕切りで、ハナコさん、ハナコさんの両親、兄家族、坪谷さんが集まり、工事の無事を祈願した。

四方にある柱に向かって、酒、塩、米をまいて建物を清めるのが習わし。本来ならこの後に餅まきの予定だったわけだが、叶わず。とはいえ、静かに祈願ができ、感慨深い1日だったと、ハナコさんは当日を振り返った。

上棟式の後は、1階の床ができる場所に、合板を並べて食卓代わりにし、みんなで乾杯。少ない人数になったものの、豚汁とポテサラをハナコさんがつくり、坪谷さんが焼売を横浜中華街の3店舗から買ってきて差し入れ。

「ここまでくるのが大変だった」という棟梁の熊澤さんの苦労話に耳を傾けつつ、乾杯！　茶懐石料理店「三友居《さんゆうきょ》」のお弁当をつまみつつ、大きな鍋で作ったハナコさんの豚汁で体を温めつつ、坪谷さん差し入れの焼売（中華街の3店舗のもの）を食べ比べつつ、お酒を飲み交わす。自分が建てている家の柱や梁をしみじみと眺めながら、静かに語り合うことができ、これはこれで、よき1日になりました。

たくさんの職人さんたちがチームになって一軒をつくり上げる

家づくりが始まったばかりの頃。柱が建ち、屋根が設置されるまでは一気に進んだものの、その後は、いつ見に行ってもあまり様子が変わらないな〜という時期が長くありました。「棟梁いわく、ものすごく進んでいるとのことだったんですが、素人の私には違いがわからなくて。現場を覗きに行くたびに様子が変わって楽しい！って感じるようになったのは、やっぱり内装の仕上げが始まってからです。タイルが貼られたり、壁が塗られたり、キッチン機器が入ったり、今日はどうなってるかな〜って、ワクワクしました」。

現場にこまめに足を運んで、変化していく様子も楽しんでいたハナコさん。工事が進むにつれて、わかってきたのは、家づくりというのは、驚くほどに分業制だということ。ハナコさんが直接契約し、仕事を依頼しているのは、棟梁である熊澤さんが経営する「熊澤建築工房」ですが、ここから、外壁、タイル、塗装、建具、水道、電気など、それぞれを専門に施工・製作する組織なり、人なりにさらに依頼。その人たちが代わる代わる現場にやってきて、担当の工事を進めます。熊澤さん自身も大工仕事をしながら、全体のスケジューリングをし、現場監督的な役割をこなします。

「本当にパーツパーツで、たくさんのプロフェッショナルが関わってくれることに驚きました。休憩中のお菓子やドリンクの差し入れをしつつ、気をつけていたのは作業のじゃまになるようなことはしないこと。施主とはいえ、素人が現場をウロウロするのは、危険でもあり、職人さんが気をつかいます。とはいえ、いいなと思ったら、とにかく素直に口に出して褒めました。編集の仕事で本をつくるときもそうなんですが、問題があったときだけでなく、いいと思うことがあれば、しっかり伝える。それがモチベーションになっていい本につながっていくから、きっと家も同じなんじゃないかと」

結局は、人間同士。気持ちを伝え、話し合いを重ね、施主と業者という関係ではなく、いい家をつくるためのチームのようになってもらうということ。そうやって、電線や隣の家の壁に阻まれて長い柱が敷地に立たない！　違うタイルが届いた！　玄関の格子扉が届かない！などという、そのときどきで勃発するトラブルを、みんなで力を合わせて解決しながら家づくりは進んでいったのです。

金銭感覚がどんどん狂っていく日々

よほどのお金持ちでもない限り、家づくりとお金の問題は切っても切れないものです。なんでも思い切って決断するハナコさんであっても、もちろん、予算との戦いはありました。やりたいことをあれこれ、全部詰め込んでいけば、総額は上がっていくばかり。つねに、どうするかの判断をつきつけられる日々です。

「私だって、予算なんて気にせず、なんでも好きなものを選びたいですよ」

でも、「上限のある予算の中で、なにを諦め、なにを選択するか。その葛藤を経ることで、より住み手に合ったいい家になる」というようなことを、坪谷さんに言われ、ふんばりどころだからと、ハナコさんはがんばりました。自分と向き合いながら、取捨選択を繰り返すわけですが、普段なら、もっとじっくり時間をかけて選ぶであろう価格帯のもの（例えば床材や外壁材、水回りの設備機器など）を入れるか入れないか、入れるならどのグレードのものにするのかを、次々

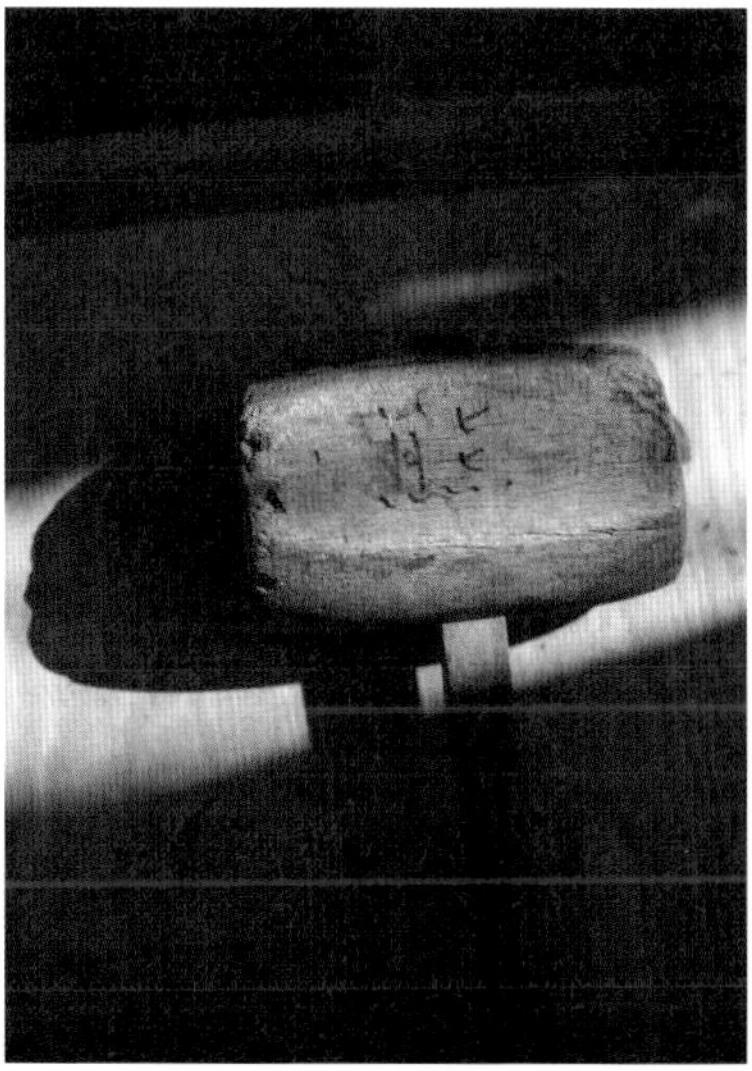

棟梁の熊澤さん愛用の木づち。熊澤さんに対して、坪谷さんは絶大な信頼を寄せている。ほかの現場との兼ね合いもあり、残業続きになってしまった熊澤さん。晩酌ができず、10キロ近くのダイエットにも成功。

2019年11月1日は、4本の通し柱を立ち上げた日。狭い敷地なのでクレーンを入れることができず、ほぼ人力の最難関作業になった。立たないかもとかなりヒヤヒヤしたそう。

現場には入れ替わり立ち替わり、それぞれの担当を請け負う職人さんが出入り。みんな真剣にハナコ邸と向き合ってくれている様子をハナコさんはよく見学に行っていた。

決断していくので、金銭感覚が麻痺していくとも感じたそう。「いつもなら、こっちの白菜とあっちの白菜、100円違うけれど、どうしよう?と迷っている私が、『これを選べば10万』『あっちだと20万』というような金額を、つぎつぎ短時間で決めていくんだから、すごいことですよね。1万円の差でひよったりしながらも、後からはもう変更できないんだからと、できるだけ金額だけに惑わされないように、決断していきました」。

金額だけによって諦めたことはさほどなかったのですが、その数少ないひとつといえるかもしれないのが、階段の手すりです。漠然とアイアンにしたいと思っていたハナコさん。大工さんが杉で製作するのに比べると、プラス25万円だということがわかり、それは諦めることに。全体に「木」が多い家だから、アイアンを取り入れると空間が締まると考えたのが理由だそうですが、金額を聞いたら、そこまでしてアイアンにこだわりたいわけではないと思ったのでした。「最終的にでき上がった杉の手すりを見ると、職人技が詰まった美しい仕上がり。大工さんの腕の見せどころというのは納得で、上り下りのたび、職人の仕事に感動しています。アイアンにしたら、よくある没個性なものになったようにも思うので、結果的にはよかったですね」。

家の内装が始まると、施主が支給するものをどんどん購入する必要があり、カードの引き落とし総額もうなぎ登りです。請求書が届いて間違いでは?とさえ思ったそうですが、明細を見れば、確かに買ったものばかり。通帳の残額がどんどん減る恐怖も味わいました。とにかく、こまごまといろいろなところで支払いは発生しますが、意外だったのは、最後の最後で購入したエアコンとロールカーテン。「想定してなかったところだから、金額に驚愕。エアコンは全部で5台あるうえ、広くて天井も高いリビングには大きいエアコンを入れました。すると、取り付け代金も含めて計80万。ギャッ！てなりました。地味にロールカーテンも高いと感じましたね。窓や取り付け場所のサイズに合わせて、すべて特注だから、当然といえば当然なんですが……」。

つなぎ融資を含め、莫大な借入金が銀行に振り込まれたのもつかのま、キッチンのタニコーや熊澤さんへの数回に分けての支払いなどで、当然ですが、あっという間にお金は消えていきます。

「それぞれネットで振り込みをしたんですが、金額も大きいので、何度も確認しながら、毎回ドキドキ。一軒家を自分ひとりで建てるってことは、一から百まで、すべて自分が買うということ。怖いことだけれど、それがおもしろくもある。結局、冷蔵庫も2階に2台、書斎に1台買いました（笑）。もう腹をくくって、もっと働くぞ〜って感じです！」。

新しい家とのバランスを考えながら、家具を選ぶ

家づくりが進んでいく中、並行して新居の家具選びも進めていったハナコさん。収納はほぼ造

り付け、もしくは大工さんにつくってもらうので、新しく購入した収納家具は、食器棚だけです。旧居ではオープン棚に食器を収納していましたが、ほこりが気になっていたので、新居には扉のある食器棚を用意しようと決めていました。希望は、日本の古い家具。新しい家に、経年変化による味わいをもつ家具を置くことでバランスを取り、ピカピカのよそよそしさを緩和しようと考えたのです。そして、青森出張のときに訪ねたおしゃれな中古家具店「green furniture」で出会いがありました。古い家具は、出会いもの。これを逃すと次の出会いがいつになるか、わかりません。まだ家は完成していませんでしたが、間取りからサイズが合うことを確認し、購入を決めました。本棚だったと思われるので、少し奥行きが浅いタイプでしたが、それがかえって好都合。小さな食器が奥に入り込んでしまうことなく、持っている食器全体を見渡せます。

ダイニングの椅子も、古家具店から。ちょこちょこと探しては、引っ越しに向けて買い替えていったものです。テーブルも引っ越しを機に新調しようと決めていましたが、実際に住んで、全体のバランスを体で感じてから最終決定することにし、購入の時期は少しずらしました。この本の撮影には間に合いませんでしたが、選んだのは中南米原産の木、モンキーポッド材。まったく接いでいない、かなり大きなサイズの1枚板です。秋田県にある「あきたの材木屋」で購入しました。「こちらも出張のときに見に行った店。東京近郊で購入するよりもぐっと安く、質の高い材が揃っていると感じました。その後はホームページを幾度となく覗き、材を絞っていきました。

せっかくだから日本の材の天板にしようかとも迷っていたんですが、家全体が杉でできているため、バランスを取るために濃い色目で、木目が強いもののほうがいいなと感じ、最終的にモンキーポッドに決めました」。

1カ月以上住んでから、この家に合う材はどんなものか悩んだすえの決断なので、最終的にぴったりの選択ができたと感じているよう。「引っ越し前にすべて決めてしまわず、少し間をあけてよかったと思っています」。

坪谷さんからは、おもしろいプレゼントがありました。「大学生のときに、すごくいい、分厚い杉の板を見つけて、いつか自分の家を建てるとき用にと、2枚買っていたんです。自宅を建てるときには使わず、その1枚で娘の勉強机を製作したんですが、もう1枚は余っていました。なので、ダイニングテーブル用にベンチをつくるのはどうかと提案したんです」と坪谷さん。

なんと建築家が大学生のときに買った板が、25年ほどの年月を経て、施主の家で活躍することになり、柱と柱の間のスペースを活用したベンチが完成。大勢の人が訪れるハナコ家ですから、座る人数の融通がきくベンチは、便利な存在になるはずです。

またハナコさんは、設計打ち合わせの時期に旅したスリランカで、ゆったりくつろげる革製のパーソナルチェアに出会い、折り畳みできることもあって抱えて帰ってきていました。もともと持っていた学生時代に購入したスツールをオットマンにすれば、極上のくつろぎスペースに。一方、大きなソファは処分したので、広々とした空間には余白があり、のびのびした状態を満喫できます。

未完成のままで、引っ越し決行。住まいながら、ＤＩＹ工事も

最終的に引っ越しができたのは、２０２０年3月3日。坪谷さんといっしょにはじめて大槌町を訪ね、うにをつまみながら日本酒を酌み交わしていた日の約1年5カ月後のことです。長い期間ともいえますが、一からの家づくりはもちろん、マンションを買うことさえ想像もしていなかった人としては、相当な短期間で遂行された人生の大きなプロジェクトになりました。

とはいえ、家ができ上がった感慨をゆっくり味わう暇なく、引っ越しは決行されました。というのも、旧居の引っ越し期限が来てしまったのと、進める必要があった申請の関係上、どうしてもこの時期には新居に移り住む必要がありました。必要な棚は未施工なうえ、玄関外の格子扉に至っては、特注品のため思ったよりも製作時間がかかり、資材がまだ届いていない状況。まだまだ、職人さんたちが出入りしていて、一部工事中のような状態でしたが、なんとか、かんとか、引っ越しを終わらせることができました。

金具と板だけで取り付けができる棚は、坪谷さんがDIYしてくれたもの。コスト削減案の一環として、坪谷さんが自ら引き受けてくれたのだそう。材料はホームセンターで調達。

坪谷さんが学生時代に買っていたという25年ものの、厚い杉板をベンチに。インドのジャイプールで購入したブロックプリントのクッションカバーがアクセントになっている。

階段と手すりは、黒アイアンでつくるという案もあったが、予算の都合もあり、棟梁の手仕事による杉板の階段に。過程を見学するうち、職人仕事のすばらしさに感動しきり。

「片づけはさておき、早く、野望だった『鍋をずらりと並べたい！』という気持ちでいっぱいで（笑）。棚は、坪谷さんが付けてくれることになっていたんですが、もう我慢できないから、とにかく、ここだけは早く付けてくださいと急かしました」とハナコさん（ようやくここで、棚の間隔を何センチにするかという情報が生きることに）。念願の棚が付き、生活必需品もまだまだ段ボールの中だというのに、お気に入りの鍋を取り出し、並べていったハナコさん。「大好きな鍋が並ぶ、この『絵』は、頭の中に最初からあったので、実現できてうれしかった。いつでも鍋を眺められる状態になって、テンションも上がりました」。

ほかにも、テレビ用の棚や土間の飾り棚を設置したり、もともと持っていた棚にキャスターを付けたりと、なんだかんだと坪谷さんに引っ越し後のＤＩＹ作業を担ってもらったハナコさん。必要な棚板や備品を買うために、車で巨大なホームセンターにも連れて行ってもらったのだそう。「いい人ですよね、坪谷さん」と笑いますが、ふつう建築家がそこまでしてくれることはあまりないので、ハナコさんの人を巻き込む力はここでも遺憾なく発揮されていたということでしょう。

無理やり決行した引っ越しでしたが、結果的には大正解でした。２０２０年は3月後半になると新型コロナウイルスの感染が拡大し、4月には緊急事態宣言が出されてしまった時期。活動が思うようにできず、必然的に家にいる時間も長くなりました。「あのタイミングで引っ越しができていて本当によかったです。もう少しずれていたら、資材の調達なども難しくなって、さらに家の完成が遅れたと思います。出張などの外仕事も軒並み中止になったので、暮らしを整える作業をいろいろ進められました」。

なにより、ステイホームの期間を過ごすのが、新しい家だというのは、心地よさが違います。ただ新しいだけではなく、自分の好きなこと、やりたいことだけを詰め込んで一から建てた家なのだから、当然、暮らしやすさも、最高！

「どこを見回しても好きなもの、好きな要素しか、目に入ってきません。これって、幸せなことですね」。それもこれも、ひとりで家を建てたおかげ。ひとりで全部決めているから、家族ともめて折衷案にしたり、家族の意見を取り入れて諦めたりというところが1カ所もありません。全部、自分で決めているから、全部、自分の好きなもの。改めて、そんな幸せな空間ができ上がったことを心からうれしいと感じられる日々になりました。

サイド光万才！　台所万才！の、新居での暮らし

朝起きて、ハナコさんが向かうのは台所です。「旧居のサイド光が入る小さな窓は南向きでしたが、今回は北側に台所があり、コンロサイドの窓は東に向いています。北側の台所の光が穏や

かで安定しているためか、東からの光は、朝から夕方まで、一日中、サイド光として感じられるんです。そのときどきで、きれいだなと感じるんですが、とくに日の出のすぐあと、初夏なら5～6時の1時間は、どんどん光が変わっていくので、特別な時間です」。

朝起きてすぐに、台所でサプリを飲み、冷蔵庫の中身をチェック。その後はサイド光の中で湯をわかしたり、目玉焼きをつくったり。新居に引っ越してもやはり、ハナコさんの朝は、台所にやって来るところから始まっています。「本当に台所に長くいます。料理はもちろん、ちょっとした書き物をしたりコーヒーを飲んだり。台所に置いてあるスツールに座ってのひとり飲みも、やっぱり変わらずよくやります。なんなら、最近は筋トレも台所でしているほど」。台所専用の冷房完備、床暖も設置してあるので、きっと春夏秋冬、台所に長時間いるハナコさんの暮らしは変わらないことでしょう。

でも、リビング側の伸び伸びした雰囲気もとても気に入っているため、大きなダイニングテーブルで飲むこともあります。本当なら、引っ越し直後から友人たちを招いて、新居でホムパをバンバン開催するつもりだったはず。しかし、コロナ禍でしばらくはそれも叶わず、ひとりで広々した空間を満喫する日々です。

外出自粛期間は、家の魅力を発見し、自分のものとして住みこなすための貴重な日々にもなりました。階段を上がってきて、鍋が並ぶ棚越しにキッチンを眺める一瞬。商店街を通る人を2階の窓からなんとなく観察する夕暮れ。パーソナルチェアに座って、オットマン代わりのスツールに足をのせ、向かいの家越しの青い空に目を向けるひととき。雨の日に、土間の内側から商店街を眺め、外の風景に心奪われることもあります。

マンション時代と違って、家のあちこちに心が動く風景や時間帯があり、そのひとつひとつに気づくたび、一からの家づくりをする機会がもてたことの幸福に、感謝の気持ちがわくのだそう。

もちろん台所の使い勝手は抜群！　自粛期間が明け、すでに何度も撮影のための料理づくりもしましたが、考え尽くしたキッチン動線も、天板の奥行きや高さも、機器類の配置も大満足。なにより、ステンレスの厚みにこだわって選んだキッチンの骨太な質感には、ほれぼれ。マットな質感に仕上がっているバイブレーション仕上げは傷がつきにくいうえ、何年も使い込んだような味わいがあり、やっぱりこの仕上げにしてよかったと感じています。

シンク＆コンロに垂直になるように設置してある作業台が、旧居のL字キッチンの使い勝手のよさを踏襲してくれていて、さらに作業スペースが広くなったことで、効率もアップ。アシスタントが入ったときも、動きやすいと感じているのだそう。天板の高さが90センチと高めなので、背の高いハナコさんにとっては作業がしやすく、コンロだけ5センチ下げたことも、鍋の中が覗き込みやすくてやはり大正解。なにより深い奥行きは、盛り付け作業がしやすく、撮影も本当にスムーズにできています。キッチン図面は、改訂に改訂を重ねただけあって、どんぴしゃのハナコ仕様。ハナコ家の主役は、間違いなく台所なのです。

住んでみて感じたあれこれ。失敗した！と感じることも

引っ越しをして数カ月が経ち、家と仲良くなるに従い、外に出かけるのが大好きなハナコさんが、「早く家に帰ろう！」と思うほどに、家に愛着が増しています。「前のマンションも好きだったけれど、この家は、全部自分のもの。思いがぜんぜん違います。だから、大切に育てていきたいと感じるようになりました。全部を私が守らなきゃ！って。家を建てれば、もちろんみんなそう思うのでしょうけど、ひとり暮らしだから、よりその思いは強い気がします」。

家は建って完成ではなく、住まい続けながら、「場」としてつくり上げていくもの。ハナコさんも、この家は、自分がこれからつくっていく場所だと、改めて認識しているようです。

マンションとは違って、すべての管理やメンテナンスが自分の肩にのってきます。共同住宅なら、管理費や修繕積立金が徴収され、管理や修繕のレールが敷かれていますが、一戸建ては、すべて自分。いつなにをしないといけないかを自分で考え、お金を用意し、段取りをする必要があります。考えてみればあたりまえのことですが、そういう先のことにも、気持ちが向くようにな

無垢の床材は諦め、ナラ材が表面に貼られた複合フローリング材を選択。15cmという幅広タイプなので、すっきりした印象。あえて選んだ「節あり」のおかげで味わいもあり、これからどう育っていくか、楽しみなところ。

ったハナコさん。自分の場は、自分で守り、育てるという気持ちで、前向きに考えています。

いつもなら月に2～3回の頻度である出張が、自粛期間は軒並み延期や中止に。遠くまで出かけることが仕事ともいえるほどのハナコさんが突然、家の近所だけで日々を過ごすことになりました。でも、折しも引っ越してきたばかり。散歩をするだけでいろいろと発見があり、新しい町とも徐々になじんでいっています。「あの時期、多くの人がそうだったように、私も近所をたくさん散歩しました。おかげで、新しい町の雰囲気もわかってきました」。

前から知っていて、現場を見に来るたびによっていた豆腐屋さん。そっけないけれど、安くて好みの花が見つかる生花の卸店。つまみ中心で、など自由なお願いもできそうな、ほどほどな値段の寿司屋さん。ササミカツとメンチカツがおいしい肉屋さん。お気に入りも徐々に見つかってきました。すごく栄えている町ではないだけに個人商店も残っていて、ほどよい町でよかったと、当初の条件ぴったりの土地ではなかったけれど、土地に対しての愛着も徐々に生まれています。

家の中には、ちょっとした後悔がないわけではありません。「スイッチの位置決めは難しいといわれていましたが、やはり、1カ所、気になるところが出てきました。土間から書斎に入るところ、土間の電気を消すと書斎に到着するまでが真っ暗。書斎近くにスイッチが必要でしたね。ほかには、キッチンの引き出しの深さ。フルオーダーなので、引き出しの深さまで指定できるのに、標準のままにしてしまって……。一升瓶の調味料なんて使わないから、スペースを無駄にしていて、もったいないなと思っています」。後悔しているところは？と聞いて、うーんとひねり出すようにして教えてくれた2点は、どちらも小さなこと。ほぼ１００点に近い満足感を持っているといえるのかもしれません。

もうひとつだけ、考えてもみなかった変化がハナコさんにありました。「引っ越して数日したら、なんだか太ももあたりが筋肉痛で……（笑）」。とくに激しい運動もしていないのになんで？といろいろ考えてみたら、階段！　ワンフロアにすべてが揃うマンションから、階段のある一戸建てへの引っ越し。一日に何十回も上り下りすることになるから、体がびっくりして筋肉痛をおこしたよう。体を通して知る、一戸建てのデメリットでしたが、考えようによっては、毎日自然に筋トレをしているようなもので、大きなメリットともいえそうです。もうすっかり筋肉痛はおさまったので、足腰が鍛えられているということ。これは、案外、年齢を重ねたときに、自分の力になってくれるかもしれません。

女ひとりの家づくり、結局、どうだった？

「台所に住みたい」「分厚いステンレスのキッチンがほしい」「なにがなんでもサイド光！」「餅

まきがしたい」、そして、なにより、「ワクワクしたい」。家を建てる決断をした理由として、ふつうの人はまず挙げないであろうことを求めて、女ひとりで家を建てることにしたハナコさん。大冒険ともいえる日々は終わったわけですが、振り返ると「幸せな体験ができてうれしいし、ありがたい」という気持ちなのだそう。

「自分が本当にほしいものはなにか」と、気持ちをとぎすませていく作業は果てしなく、なにを選択するかをつねに自分に問い続けることになるので、辛いこともある。でも、それは、新しい自分を発見するおもしろい体験でもあったとハナコさん。自分の価値観を見つめ直したり、再発見したり。「自分は家を買うなんてことはしない」と思い込んでいたけれど、40歳をすぎても価値観は変わるし、人は変わると気がついたのだそう。「仕事や恋愛も含め、『自分はこう！』という思い込みって、人それぞれにあると思うんです。でも、それは単なる思い込みで、気持ちは、まだまだどうとでも変わるんだなというのは発見でした」。

だからこそ、「女ひとりで家を建てるなんて無理！」と決めつけるのはもったいないとハナコさんは感じているといいます。

「もし家を建てるか迷っている人がいたら、背中を押したい。女ひとりで家を建てることって、めったにないことかもしれないけど、ぜったいにないことじゃない。やろうかな？　やれるかな？と思えるようなタイミングが、今、もしあるなら、やるべし！です」

新居にて振り返る⑤　「私の家、そして〝みんなの家〟」

前の住民が住んでいたときから見ていた土地なので、家屋が取り壊されて更地になったときは「これで家が建つ！」と大興奮。ところが、当然のことながらプラモデルのようにすぐ組み立てられるわけではありません。

まずは、地盤の調整。検査をしたところ、うちの土地はあまり良い状態ではなかったそうで、専用の薬剤を注入するなど特別な処理が必要でした。でも、ここはこれから長く住む土地。安心できる状態になるよう、こだわりたいポイントですよね。

基礎工事が始まると、床と平行に鉄筋が貼られていきます。このとき、考えていたのは「なんか……思っていたより、狭い？」。坪谷さんに聞くと、更地や基礎工事のときは、どの施主も同じようなことを思うのだそう。「建つと、いきなり広く感じますよ」と言われていましたが、実際、工事途中はドキドキ。でも、聞いていた通り、今では「ひとりで、こんなに広い空間に住めて幸せだ～」と思います。人の感覚って変わるんだなあ。

週に数日は現場を見に行っていましたが、正直、建材くらいしか見当たらない基礎工事の段階では素人にとって進捗状況がわかりづらいもの。つい棟梁に「なんだか、この前とあんまり変わってない気が……」とつぶやいてしまい、「え！ものすごく進んでるよ！」とビックリされたのもよい思い出です（失礼しました！）。

私が「進みましたねー」と喜んだのは、素人にもはっきりわかる郵便ポストがついたとき。そのときは、棟梁と坪谷さんのダブルに「こんなことで……」と脱力されました（笑）。

上棟式は、何が何でもやりたかったイベント。いま、新築時に上棟式を行う家は全体の数パーセントだそうですが、私にしてみれば「こんなに楽しそうなことをやらないなんて！」。本文にもある通り、張り切って臨んだ一大イベントでした。

本来は、進捗状況や天気などを踏まえて、日程などは直前に決めるそう。でも私は大勢の人を呼びたかったため、数カ月前から「いつ上棟式ができますか」と坪谷さんにしつこく詰め寄り申し訳ないことをしました……。ストレスだったろうなあ。

あげくに当日は雨！　結局、旧居内で餅をまくという前代未聞の上棟式になりましたが、私は本当に幸せでした。大好きな人たちが集まってくれて、おいしいものとお酒があって、どんな家になるかをワイワイ話して、「楽しみにしてるね！」と言ってもらえる大宴会。きっと私の家は、自分だけの家でもあるけれど、いろんな人が集まって楽しめる「みんなの家」になるに違いありません。

教えて！坪谷さん 家づくりのQ&A

Q 土地を買って一軒家を建てる場合、ハウスメーカーや工務店という選択肢もありますが、建築家に頼むのとはなにが違うの？

間取りや設備機器などがパッケージ化されているか、されていないかの違いです。もちろん、ハウスメーカーや工務店も、施主の要望に合わせて一から間取りを考えて、細部までつくりあげていくことはできるのですが、あらかじめ、用意されたパッケージの流れに乗っていくことになるので、最大公約数的な選択からはずれる要望だと、その流れの中でうまく処理できず、「設計上不可能」「予算がかかる」などの理由で、実現できないことが増える傾向にあります。

一方、建築家なら、特殊な要望でも取り入れてもらえ、施主の思いや個性を実現しやすく、１００％オーダーメイドの家が建てられます。とはいえ、決まったパッケージがない分、時間がかかる傾向に。また、用意されたパッケージがないということは、施主側も自分でたくさんの判断をしなければならないということでもあります。

そこまで強い特別なこだわりはない、実現したいことが比較的、最大公約数的な内容に近い、各ハウスメーカーが出している「〇〇シリーズ」などの中から自分に合う家のプランが見つかる、少しでも早く完成させたい、ということなら前者、個性やこだわりの要望をとことん反映して、思いっきり自分らしい家にしたいなら後者と考えるといいと思います。

建築家の中には、施主の家というより、建築家自身の作品としての家づくりを追求するタイプもいます。施主も、コストや使い勝手にあまり重点をおかず、その建築家の発想のおもしろさや、デザインのかっこよさなどを追求していきたいなら、その選択肢も、もちろんありです。建築家に依頼するなら、その選定自体が、家づくりにおける自分の個性と考えるといいかもしれません。

Q 建築家に依頼すると設計料のぶん高くなる気がするんですが？

たしかに建築家に依頼すると、設計監理料がかかります。予算が限られている中、そんなコストは払えない、払いたくないと敬遠する人もいるようです。でも、建築家は、施主と施工会社の間に入れる第三者という立場。施工会社に対して相見積もりをとって、より安い業者を探したり、上がってくる見積もりのチェックをして、コスト管理をしたり。また、施主の希望していた方法とは異なる方法や製品を使って、同等以上の内容ながらコストを抑える提案ができたりと、トータルでコスト減につながることもあります。

同等の要望を実現し、設計監理料を支払ってもなお、総額はハウスメーカーに依頼するより安かったというケースも実際ありました。ですから建築家に頼むと、その人件費の分、高くなるという決めつけはもったいないと思います。家づくりの幅や世界が広がりますから、建築家への依頼は自分には関係ないと思わずに、ぜひ、数人でも実際に建築家に会ってみてほしいですね。

Q 建築家に家を建ててもらいたいけれど、土地と建築家、どちらを先に決めればいいの？

これから土地を探すなら、僕としては、「まず建築家を」といいたいです。もしくは、少なくとも土地探しと並行して、建築家探しをスタートしましょう。建築家が決まっていれば、選ぶべき土地に対しての適切なアドバイスがもらえます。購入する土地によっては、実現したいことが叶えられないという可能性もあり、決めてしまったあとでは取り返しがつきません。少なくとも土地選びの最終段階には、建築家に自分の要望が概要でも伝わっていて、それらが実現できる土地なのか、建築家に判断してもらえる段階になっているとよいです。

「まだ、土地も決まっていないのに、建築家に会うなんて、相手にされないのでは？」と思う人もいるようですが、一部有名建築家を除けば、そんなに敷居の高いものではありません。少なくとも僕は、「なんにもない状態」から、施主といっしょに夢をみたいです。同じように、「大歓迎！」という建築家は多いと思います（土地探しの立ち合いには、別途料金を設定している建築家もいますので、確認しましょう）。

Q いったい、どこでどうやって建築家と巡り会えばいいの？

この本のハナコさんのお宅が気に入った方なら、僕が主宰する「一級建築士事務所 TsuboYa」にぜひ！ きっと、フィットすると思います（笑）。なんていうのは、冗談ですが、実際、メディアを通じて建築家と出会うというのは、ひとつの出会い方です。たくさんの事例が掲載されている建築専門の雑誌もありますし、一般誌でも定期的に建築や住宅、インテリアの特集が組まれます。そういう媒体をチェックすると、自分の好みもわかってきますし、そのあたりから見始めて絞っていくというのは、一般的な流れのひとつだと思います。

とはいえ、メディアに掲載されるのは、ごく一部です。自分が家を建てたい地域の建築家が見つからないということもあるでしょう。そこで役に立つのが、マッチングサイトです。プロフィールや過去の設計事例とともに多くの建築家が掲載されているので、そこから絞っていくことができます（ちなみに、地元以外の建築家＋地元の工務店というセットで、要望の地域に家を建てることも、実際は可能です）。

例えば、「SuMiKa（スミカ）」「アーキテクツ・スタジオ・ジャパン」「建築家O-uccino（オウチーノ）」などは、全国をある程度網羅し、登録している建築家数も事例数も多めです。「自分の住む地域名」「建築家」「マッチング」などとネット検索するのも手です。

最終的に、建築家をどう選定するかですが、設計力などは、なかなか見極められないところです。ですから、フィーリングが合うかというのが、実はとても重要です。車にたとえると、「燃費も予算も関係ねぇ！ 俺はポルシェに乗りてぇんだ」「見栄えよりも燃費なの、私はハイブリッド車かな」「車のことはよくわかんないんだけど、かわいくて運転しやすい車がいい」などと考えますよね。そんな自分なりの要望を理解して共有してくれると感じた建築家に依頼するといいと思います。

もし、自分で見極めるのが難しいと感じたら、「リビングデザインセンターozone（オゾン）」「ザ・ハウス」などでは、コンサルティングをしたうえで、フィットしそうな建築家を紹介してくれるというサービスも行っています。

SuMiKa
https://sumika.me

アーキテクツ・スタジオ・ジャパン
https://services.asj-net.com

建築家 O-uccino
http://www.o-uccino.jp/kenchikuka/

リビングデザインセンター ozone
https://www.ozone.co.jp

ザ・ハウス
https://thehouse.co.jp

Q 建築家には、どこまで、相談、依頼できるの？ リノベーションでも大丈夫？

どこまでという考え方自体、不要です。一戸建てに限らず、リノベーションでも構いませんし、予算さえわからないという段階や、マンションと家づくりとで迷っている段階でも、僕としては、建築家に相談してくださいと思っています。その要望に合わせて、銀行、不動産屋、工務店、税理士などをご紹介することも可能です。つまり、建築家を家づくりの総合プロデューサーと考え、まず建築家に相談し、そこから、広げていくという考え方もありなんです（すべての建築家がそれをウェルカムとしているわけではないと思いますが）。

建築家は、「人生最大の買い物」という冒険をいっしょに歩むパートナーです。家が完成するまでは、どんなに短くても1年以上、2～3年の場合もあるくらい、どっぷりつきあい、その後もなにかと顔を合わせる相手。長いつきあいになります。だからこそ、なんでも腹を割って話せ、相談できる相手を見つけるべきなので、どんどん建築家に会って相性を見極めてほしいです。僕は特殊かもしれませんが、一度くらいは施主とごはんをいっしょに食べてから、受注したいと思っているほど。食事をすることで、お互いの相性を見極められます。合わない相手との仕事は施主だけでなく、建築家にとっても不幸です。

とはいえ、もちろん、相手のあること。すべての建築家が僕と同じ考えではありません。また、やみくもに会いまくって、相手の知識やアイデアを引き出すだけ引き出して、なしのつぶてというのは、ルール違反でしょう。建築家によっては、どの段階から金銭が発生するというラインをきちんともうけている場合もあり、お互いいやな思いをしないためにも、どこまで無料で相談にのってもらえるのか、確認しておくと安心です。

Q ずばり、家を建てるには、いくらくらい必要なの？

土地代は、全国津々浦々、本当にピンキリです。それをここで語るのは難しいので、「家」についてだけの話をさせてもらおうと思います。でも、これも、やっぱり、ピンキリなんです。

軽自動車がほしいのか、ベンツがほしいのかでは、ぜんぜん金額が違いますよね？　どちらも「自分で運転して移動する」という要望を叶えることができますが、値段はぜんぜん違うことは、だれしもが知っていることだと思います。

家も、その家で「暮らしを営む」という基本的なことは同様にできても、機能、剛健さ、洗練性、デザイン、ブランド力などをどこまで求めるかで、価格はまったく違ってきます。土地と同じく、一言でいえないというのが、現実なんです。

とはいえ、建築家に依頼するとしても、いったいどれくらいかかるのかわからないと、躊躇してしまう人がほとんどだと思いますので、「家づくりは坪あたり60万円くらいからスタートする」というのを目安にするのはどうでしょうか？

つまり、総床面積が100平米（約30坪）の家（土地の広さではありません）がほしいなら、「建物自体の工事（躯体、仕上げ、設備工事）」にかかるのは、60万×30坪で1800万円からだなと考えます。ちなみにこの金額だと、たしかに家は建つけれど、かなりシンプル、かつ必要最小限のものだけが導入された家となる可能性が大。スタート地点がこの金額というだけですから、自分が求める性能や設備、デザインによって2倍、3倍とかかることだってありえます。

また、土地に既存の建物がある場合はその解体費、土地の状態によっては地盤改良工事費、また外構関連工事費なども発生します。そのあたりは、完全にケースバイケースで、結局、なかなか一概に言えないというのが本音です。

Q 一般的には、間取りはどうやって決めていくの？　家づくりを成功させる、建築家やハウスメーカーの担当者との上手なつきあい方や、予算削減のコツはありますか？

施主が自ら、こんな間取りにしたいと考えてから相談される場合と、まったく真っ白という場合と、2パターンにわかれる印象です。前者はササッと手書きという場合もあれば、「3Dマイホームデザイナー」という有料の間取り製作ソフトやほかの無料ソフトを使って入念に練り上げたものを見せていただく場合もあります。

どんな方法であっても、建築家としては要望や考えをしっかり伝えていただければ、問題ありません。具体的な間取りは真っ白でも、これから建てる家でやりたいこと、叶えたい夢を、どんなに細かくても伝えることが大事です。伝えるべきか迷う必要はありません。場合によっては、あとから詳しく聞きますという内容だったりすることもあるかもしれませんが、意外に、あとからではどうにもならないこともあるので、まずは、伝えてみることが大切です。

「夫婦別の寝室に寝ている」「あまり人にいいたくない趣味・癖がある」などのプライベートなことも、できれば隠さないことが大切です。きちんと伝えれば伝えるほど、自分たちにぴったりした、よい家になっていくと思います。

施主のこだわりは、伝えてもらわないと建築家には伝わりません。「なんとなく、察して」というのは、難しいです。だからこそ、間取りを決める段階でも、設備機器やパーツ選びの段階でも、好みははっきり伝えてください。「これはいや」ということや、嫌いなものを伝えることも、とても大切。言葉で伝えるのが難しい場合は、雑誌やネットで見つけた写真をいろいろ送るというのも有効です。

僕だけかもしれませんが、実際の設備機器の好みだけでなく、趣味について話してもらったり、いっしょにお茶をしたりごはんを食べたりすることも、施主の考え方や好みをつかむのにとても役に立ち、その後の提案がスムーズになると感じます。

また、予算削減につながるコツなんですが、ピンポイントで特定の設備機器やパーツを指定するのではなく、どういう理由で、それを取り入れたいのかを合わせて伝えることが大切です。そのメーカーにどうしてもこだわりたいのか、同じ性能があれば、似たようなものでいいのか。それだけで、予算を抑えた、よりよい提案が建築家から出てくることにつながります。

Q 建築家に依頼して家を建てようか迷っている人に、最後になにか、一言ありますか？

家づくりは、予算と希望のせめぎあいの中で、次から次へと決断を強いられます。けっこう苦しいこともあるのですが、その期間を抜けると、その家はあなたが本当に考えに考え尽くしたことが反映された、あなただけの家になります。最終的には、その悩みさえも楽しかった経験になり、そして、でき上がった家は、これからずっとあなたや家族を黙って包み込んでくれる大切な場所になります。

建築家と家を建てるのは、パッケージの中からなにかを選ぶという作業よりは、時間を取られ、大変なことが多くなりますが、その分、より自分と家族にフィットした家が完成します。そんなお手伝いをしたいと思っている建築家も増えています。ひと昔前の建築家像とは違い、今、活動している建築家は、ぐっとカジュアルになり、敷居が下がっていると思います。

「家のことを相談できる新しい友人をつくる」。そんな気持ちで建築家を探し、よい出会いがあったから家を建てる。これからそんな流れになっていったら、うれしいですね。

おわりに

1カ月の半分は出張で家にいなかった私が、新居へ越して以来、ほとんどの時間を自宅で過ごしています。

その理由のひとつは、コロナ禍により外出が制限されていること。それ以上に、この家がすばらしく居心地のいい住まいとなったからです。

建てると決めたいきさつしかり、ハウスメーカーでは絶対に建てられない設計内容しかり、とんでもないスケジュールしかり、今ではもうやる人も少ないのに2回もやった上棟式しかり……。ありとあらゆることが、一般的な建て方とはかけはなれた家。でも、引っ越した当日。まだ何も荷物が置かれていないリビングで、私はひとり深呼吸し、「やったー！　建ったぞーーー！」と心の中で叫びました。

「家を建てる」という人生の一大イベントを、短距離走のように駆け抜けてきた私。「もっとこうすればよかった」ということが、まったくないわけではありません。でも、それもまたよし。「100点満点じゃなくてもいい。まずは、やってみることが大切」だと思うからです。何も動かず「どうせ完璧にならないから」と諦めるのはもったいない。やったその結果を経て、必要ならばゆっくり軌道修正していけばよいのです。だって、これからも自分の人生は続くのですから。

とはいえ、もちろんこの一大プロジェクトは、ひとりでは成し遂げられませんでした。土地を探す不動産屋さん、融資をする銀行のご担当、登記などの契約を代行する専門家の方、構造計算の名和さん、棟梁・熊澤雅則さんをはじめとする現場の職人さん。そして設計はもちろん、すべてのきっかけをつくってくれた建築家・坪谷和彦さん。プロフェッショナルの皆さんのおかげですばらしい家が建ちました。ありがとうございました！

自分の頭の中に思い描くものが、どんどん形になっていく魔法のような日々。これればかりは建ててみないと味わえない、本当にエキサイティングな体験です。そしてこの先、家が育つとともに、ここで私もおばあちゃんになっていくのが本当に楽しみ。そう心から思います。

ツレヅレハナコ

２０２０年９月

撮影
阿部了

本文1章～5章・構成
加藤郷子

協力
一級建築士事務所 TsuboYa
代表・坪谷和彦
〒二四一－〇〇二五
神奈川県横浜市旭区四季美台六六－八七
電話 〇四五－三九二－一四九〇
www.tsu-bo-ya.com

株式会社 熊澤建築工房
代表取締役・熊澤雅則
〒二四一－〇〇三四
神奈川県横浜市旭区今宿南町二〇八九－二
電話 〇四五－九五八－〇三八二

タニコー株式会社 MEISDEL室
〒一四二－〇〇四一
東京都品川区戸越一－七－二〇
電話 〇三－五四九八－七一一一
https://www.meisdel.com/

ツレヅレハナコ
フード編集者。お酒とつまみと台所道具がある場所なら、日本各地、世界各国を飛び回る。著書に『女ひとりの夜つまみ』（幻冬舎）、『ツレヅレハナコの小どんぶり』（宝島社）、『ツレヅレハナコのじぶん弁当』『ツレヅレハナコのホムパにおいでよ！』（小学館）、『ツレヅレハナコの揚げもの天国』『ツレヅレハナコの薬味づくしおつまみ帖』（ＰＨＰ研究所）、『ツレハナ亭の家飲みごはん』（エイムック）、『ツレヅレハナコの南の島へ呑みに行こうよ！』（光文社）、『食いしん坊な台所』（河出文庫）など。

女《おんな》ひとり、家《いえ》を建《た》てる

二〇二〇年一〇月二〇日　初版印刷
二〇二〇年一〇月三〇日　初版発行

著　者　ツレヅレハナコ
発行者　小野寺優
発行所　株式会社河出書房新社
〒一五一－〇〇五一
東京都渋谷区千駄ヶ谷二－三二－二
電話　〇三－三四〇四－一二〇一［営業］
〇三－三四〇四－八六一一［編集］
http://www.kawade.co.jp/

装幀　遠矢良一（アームチュア・トラベル）
組版　KAWADE DTP WORKS
印刷・製本　三松堂株式会社

Printed in Japan
ISBN978-4-309-28830-7

『食いしん坊な台所』
ツレヅレハナコ著
キッチンミノル写真

べこべこに歪んだアルミ鍋、せいろに土鍋、こだわりのフライパンに、秋田やインドの弁当箱、世界各国から集めたお皿の数々……。おいしい記憶が詰まった愛用の調理道具と料理をめぐる、著者初の台所エッセイ。道具にちなんだレシピ&カラー写真も満載！

解説＝平野紗季子

河出文庫
ISBN978-4-309-41707-3